渡辺利夫

大いなるナショナリスト 福澤諭吉

藤原書店

はじめに

福澤諭吉といえば、多くの読者には、西洋文明の導入により新生日本の建設に精出すべしと説いた、幕末・維新期の啓蒙思想家としてイメージされているものと想像されます。事実、中学校や高等学校の教科書に描かれる福澤像がそういうものであることは、複数の教科書の執筆に参加している私はよく知っています。

福澤は「天は人の上に人を造らず、人の下に人を造らず」と語った天賦《てんぷ》人権説の人であり、福澤のことにもう少し詳しい読者であれば、「政府は国民の名代《みょうだい》にて、国民の思う所に従い事を為《な》すものなり」と主張して、社会契約説を説いた啓蒙思想家だと理解されているものと思われます。明治初期の一大ベストセラー、福澤の名を世に高からしめた著作『学問のすゝめ』は、確かにそういう主張に彩られています。『学問のすゝめ』は、混乱の幕末期を経て明治維新に成功したとはいえ、この新時代をどういう精神の構えをもって生きていったらいいのか、国民には強い戸惑いがあったにちがいありません。三度の洋行《ようこう》を経て西洋文明に接し、当時の西洋諸国で流布されていた近代思想に親しんだ福澤の手になる『学問のすゝめ』を、心ある日本人はむさぼるように読んだのではないでしょうか。

『学問のすゝめ』の「はじめに」(「緒言」)によりますと、全一七編から成るこの本の出版部数の累計は二四〇万部、当時の日本の人口が三五〇〇万人ですから、国民のほぼ十数名に一人が同書を購入したことになります。識字率も低く、書籍の流通網などまだ整備されていなかった往時の事情を考えますと、これは実に驚異的なベストセラーだったといわねばなりません。「身分」以外に自分の存在を知らなかった日本人は、『学問のすゝめ』にうたわれる天賦人権説や社会契約説に初めて接し、ああこういう考え方や生き方もあるのかと思い知らされ、強い衝撃を受けたのだろうと想像させられます。

晩年、福澤は『福翁自伝《ふくおう》』を書きます。幕末・維新を経て前後三三年ずつを生き、六七歳で没した、日本史の中でも稀《まれ》にみる激動期の波を全身に浴び、共感と反感こもごももちながら、なお怜悧《れいり》に時代を眺めつづけた一人の知識人の自伝として、これはあまたの自伝の中でも出色《しゅっしょく》のものです。この本の中で、福澤が西洋の学問を志すにいたった次のような経緯については、本書の読者であればお耳にされたことがあろうと思われます。

無類の学問好きであった父の百助《ひゃくすけ》が、多忙な仕事のかたわら漢籍の修得に努め、藩内では秀でたレベルに達しながら、下級士族であったがために、学問を通じての身分上昇がかなわず、中津藩大坂蔵屋敷で、藩地から廻送《かいそう》されてくる米の管理に当たる「廻米方《かいまいがた》」として失意の生涯を送ったこと、末子の諭吉は修業を積めばその学識によって身分上昇が可能な僧門に入れ、寺の坊主にしたいと百助がつねづね語っていたことを母の順《じゅん》から聞かされて育ったと書かれています。そして福澤は「門閥制度は親の敵《かたき》で御座《ござ》る」という旧社会への憤懣《ふんまん》をおさえることができず、この敵と闘うには自分が新しい西洋の学問、蘭学の習練に努めるより他なしと決意し、長崎に赴き、次いで大坂に出て適塾《てきじゅく》の緒方洪庵《おがたこうあん》に才能を見出され、さらに東京に出て英学に転じ、知識人としての道を歩み始めた、そういうことが『福翁自伝』の中には鮮やかに描かれています。

『学問のすゝめ』や『福翁自伝』に記されるそのようなストーリーから浮かびあがる福澤像は、身分によって固められた旧社会から解放された新しい人間を創出しなければならないと考え、「民心の改革」を生涯のテーマとして論陣を張った、そういう人物像に他なりません。私の同僚や私が教えている大学院生たちに福澤のことを尋ねてみても、まあ大体、そんなところがせいぜいです。世に一般的な福澤諭吉論はそのあたりのところで閉じられてしまっているのではないかと思われます。

福澤はその生涯にわたり厖大《ぼうだい》な文献を書き残しています。執筆を始めたのが三一歳、慶応二（一八六六）年の『西洋事情』初編、死去の前年、明治三三（一九〇〇）年二月の『修身要領』にいたるまで、この間、執筆が途絶えたことはありませんでした。そのほとんどすべてが、現在、慶應義塾編纂『福澤諭吉全集』（全二一巻、別巻一巻、岩波書店）に収録され、この原稿を書いている私の机の右の書架《しょか》に並んでいます。

私は別に福澤諭吉研究者でもなければ、日本思想史の研究者でもありませんが、青春時代から現在にいたるまで、折にふれては福澤の主要な著作に親しんできました。そうして、福澤という人物が天賦人権説や社会契約説の立場から日本の文明化を説きつづけた啓蒙思想家だというイメージは、誤っているというわけではありませんが、福澤思想のほんの一面にすぎないことを読むたびに悟らされます。

若い読者は、第二次大戦後の八〇年近くの日本が、長い歴史の中でも特異な左翼偏向的なリベラリズムの強い特殊な時代であったことを知ってほしいのです。先に簡略化したような福澤像は、左翼リベラリズムの時代において「造作」された、福澤思想の全体からみれば実に偏った福澤像なのです。一般の読者はもとよりですが、日本の近代史や思想史を研究する人々にとっては、左翼リベラリズムの汪溢《おういつ》した戦後日本において、自分の思想の淵源《えんげん》を福澤という一大権威に求めたいという願望——意識化されたものかどうかは別にして——があり、その願望がそのような福澤像を生み出した要因なのであろうと私は想像しています。

矛盾に満ちた人間社会の虚実を怜悧に見据え、なお文明に近づかんとする思想的苦闘が福澤のものだと私は考えます。福澤思想は、戦後につくられたイメージよりはるかに多面的、多層的であり、はるかに懐の深い思想です。福澤像の「既成品」とは距離をおき、福澤自身が書き残した文献に虚心に当たり、真実の福澤の思想像に迫ってみようという思いから本書は生まれました。

福澤は文明開化論者だといわれます。その代表的著作が『文明論之概略』です。同書は「西洋の文明を目的とする事」に始まりますが、この厖大な著作の結論は「国の独立は文明なり、今の我《わが》文明はこの目的を達するの術《じゅつ》なり」と反転します。この反転論理の綾《あや》なす中に福澤思想の核心があるのですが、その論理構造を明らかにした書物を、私は残念ながらみたことがありません。人為的につくられ、そうして閉じられてしまった福澤像の権威に逆らうようなことを人はやりたがらないということなのでしょう。

『学問のすゝめ』にあらわれる初期の福澤の天賦人権説や社会契約説の対極を、鮮やかに浮かびあがらせている論説が、『丁丑《ていちゅう》公論』や『瘠《やせ》我慢《がまん》之《の》説《せつ》』です。私が『丁丑公論』を第2章に、『瘠我慢之説』を最終章に配したのも、福澤思想の深層を流れるものがそこにあると考えているからです。前者では、西南戦争をもって新政府に挑んだ西郷隆盛を批判する時の政府とジャーナリズムは、西郷の「士風」を軽んじて「抵抗の精神」を衰頽《すいたい》させる「文明の虚説」だと難じています。旧社会の門閥制度は廃止されてしかるべきだが、旧社会の道徳まで捨て去ったのでは立国は危うい、と福澤は考えたのです。士族社会の徳の体現者としての西郷に対する福澤の欽慕の情を語る文章には、読む者の心を揺さぶる魂が宿っています。

『瘠我慢之説』では、徳川幕府における高位の幕臣であったにもかかわらず、幕府を打倒して成立した明治新政府の要職に就《つ》いて権勢を振るった勝海舟《かつかいしゅう》と榎本武揚《えのもとたけあき》の二人の出処《しゅっしょ》進退を糾弾《きゅうだん》して、「数百年養い得たる我《わが》日本武士の気風を傷《そこな》うたるの不利は決して少々ならず」と嘆じます。〝忠臣は二君に仕えず〟という士の徳を欺く行為であり、要するに〝武士の風上にもおけぬ〟といった気分で認められた、スピード感あふれる一気《いっき》呵成《かせい》の論説です。

『瘠我慢之説』の第一行目は「立国は私なり、公に非《あら》ざるなり」です。士風、士魂という「私情」を劣化させてしまえば、「西力東漸《とうぜん》」といわれた列強の暴力的なアジア進出に抗して日本の独立をまっとうすることはできない、それゆえ国家に対する私情、つまりはナショナリズムこそが「立国の公道」でなければならないと福澤は説くのです。

現在の日本に不足しているのはナショナリズムに他なりません。一方における、中国による「法の支配」を無視した挑発的な海洋進出、北朝鮮の核ミサイルによる恫喝、韓国の反日的センチメント、他方における日米同盟のパートナー・アメリカの東アジア防衛の力と気概の翳《かげ》りの中にあって、なお日本の「独立自尊」の構えは薄いといわねばなりません。現代の極東アジア地政学は、幕末・維新期を再現させるかのごとくに剣呑《けんのん》な状況に入らんとしています。他国が自国の領域を平然と侵害する現状を拱手《きょうしゅ》傍観し、集団的自衛権のあれほど限定的な行使容認までに異を唱えるというのであれば、福澤はその「文明の虚説」に泉下で深い慨嘆の息を吐いているのにちがいありません。

大いなるナショナリスト・福澤諭吉に学ぶべきが現代だと私は考えます。本書が福澤の思想の全体系を知り、個別の論説に深く入っていくための読者のガイドラインとなってくれることを私は切に願っています。

福澤の代表的な著作や論説は、懇切な注を付した『福澤諭吉著作集』(全一二巻、慶應義塾大学出版会)が最も読みやすいものと思われます。この著作集に収録されている文献については、本書もこれに依拠し、著作集に収録されていない文献については先に指摘した『全集』によったことを付記しておきます。

なお『著作集』は、現代かなづかい、『全集』は、歴史的かなづかいとなっております。

令和六年　冬至

渡辺利夫

本書の原著は、『士魂――福澤諭吉の真実』として、二〇一六年七月に海竜社より出版されましたが、同社が二〇二一年九月をもって事業停止となり、同書も出版停止のやむなきにいたりました。本書は、八年近く前に出版された原著に加筆修正を施し、新しい書物として出版されることになりました。この機会に、タイトルもより鮮明に、中身にも新しい知見を加えさせていただきました。新しい読者を得られますよう切に望みます。

著者

大いなるナショナリスト　福澤諭吉　目次

第4章　「国は人民の殻なり」——正道と権道　109

第5章　福澤　朝鮮への「恋」——開化派への期待と失意　137

第8章　「瘠せ我慢の主義を捨てたる者」——人の食を食《は》む者は人の事に死す　227

大いなるナショナリスト　福澤諭吉

第1章

「正理《せいり》を守《まもり》て身を棄《すつ》る」——殉教　殉死

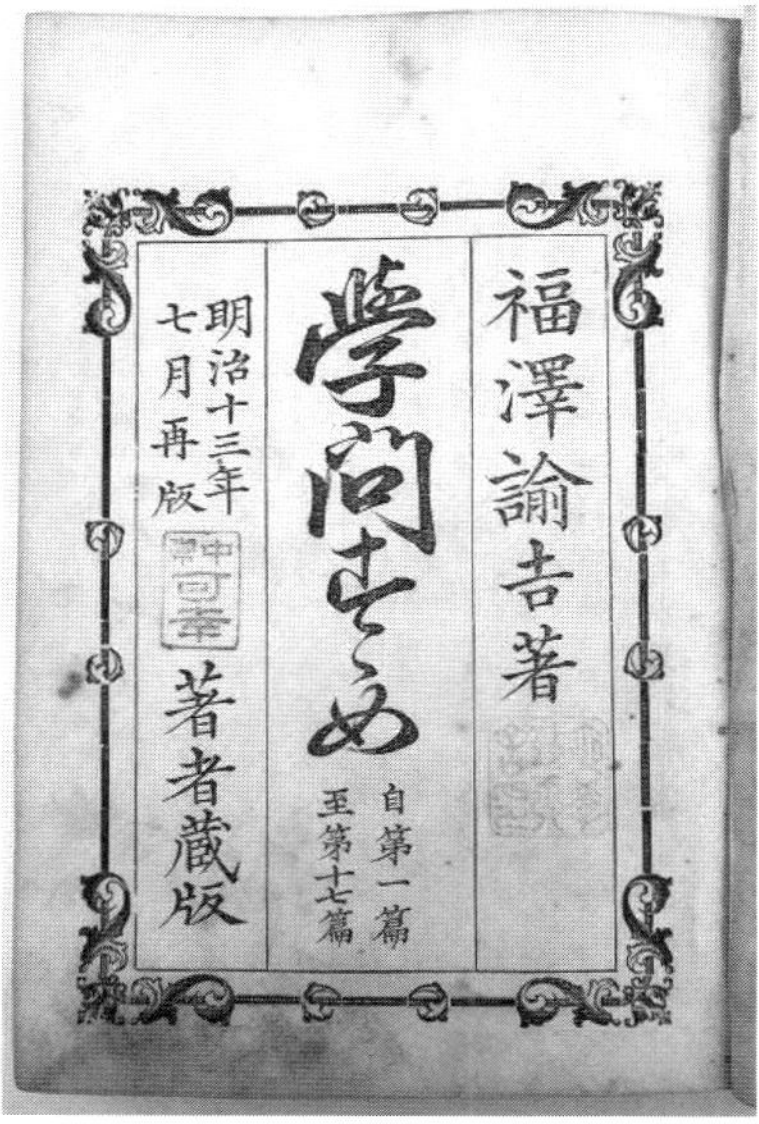

『学問のすゝめ』（合本）明治13年

欧米思想の導入

国民の教科書

多くの読者は、福澤諭吉を欧化主義者、文明開化論者、啓蒙思想家として認識しているのではないでしょうか。福澤が欧化主義者であり、文明開化論者であり、啓蒙思想家であるというイメージは、どこからきているものなのでしょうか。このイメージを代表する著作が、往時の大ベストセラー『学問のすゝめ』にあったことは容易に想像できます。

旧体制が崩壊したものの、明治維新を経てどのような国をつくっていけばいいのか、そもそも国民は、どういう心構えで新しい時代を迎えればいいのか。暗中模索の時代にあって、『学問のすゝめ』は文字通り「国民の教科書」として国中に出まわったのでありましょう。そして庶民を含めて国民に広く読まれるだけの、明快にして平易な文体で書き進められており、高度のテーマが手軽に読めるようになったことは何よりであったにちがいありません。

福澤諭吉は反骨の精神をよくぞ身につけた人物だと思われます。封建制度や門閥制度は「親の仇で御座る」というほどまでに強烈な旧制度への激しい反撥が、旧制度へのアンチテーゼであるヨーロッパ文明への憧憬《どうけい》と礼讃《らいさん》となって、そうして『学問のすゝめ』を福澤に書かしめたのではないかと思われます。他方、廃藩置県も成って新生明治日本が近代主義国家としての体面を急速に整えていくとともに、今度は旧制度への反撥ではなく、当時進行しつつあった欧米列強の「西力東漸」がアジアを経て着々と日本に迫ってくる予感を福澤は鋭く察知しました。それとともに日本が列強から真に独立し、独立を守るための精神を論じ、その精神の根源を、伝統社会の士風、士魂に求めてこれを主張するという、もう一つの反骨をみせることになったのではないか、というのが私の推量です。

『学問のすゝめ』は、当時の欧米で流布していた社会思想を庶民の誰にもわかるように、福澤の「言語」に翻案《ほんあん》して書き進めていることがその大きな特徴です。当時の日本人が初めて接する欧米思想の真髄です。多くの人々に共感され、他方では、一部の人々からの反撥を受けながらも、読まないではいられない、そういう著作であったことにまちがいありません。

ここでいう西欧思想の真髄とは、「天賦人権説」と「社会契約説」の二つです。この二説とも、現代人であれば大学での政治学か社会思想論の科目で学ぶか、さらにはほとんどの高校の公民や歴史教科書の中にも出てくる議論です。しかし、旧時代の思想をよしとしてきた明治の初期にあっては、いかにも革新的、いや革命的な考えとして読む者に強い衝撃を与えたはずです。ああ、こんな考え方があるのか、これが新時代を迎えるための価値と精神なのかと、少なくない人々に受け取られたのでありましょう。そうでなければ、あの時代にあってあれほどの超ベストセラーになったはずはありません。

天賦人権説

天賦人権説とは、生きとし生ける者は、その権利（「権義」）においてすべて平等であり、これは天から賦与《ふよ》された侵すべからざる生得《せいとく》の権利であるという、一八世紀のフランスやイギリスの思想家によって唱えられた考え方です。アメリカの独立宣言やフランスの人権宣言などにその具体的な形をとってあらわれています。『学問のすゝめ』の「初編」において、福澤は天賦人権説と社会契約説の二つを実に巧みに語っています。

> 天は人の上に人を造《つく》らず、人の下に人を造らずと云《い》えり。されば天より人を生《しょう》ずるには、万人は万人皆同じ位《くらい》にして、生れながら貴賤《きせん》上下の差別なく、万物《ばんぶつ》の霊《れい》たる身と心との働《はたらき》を以《もっ》て、天地の間にあるよろずの物を資《と》り、以《もっ》て衣食住の用を達し、自由自在、互《たがい》に人の妨《さまたげ》をなさずして、各《おのおの》安楽にこの世を渡らしめ給《たま》うの趣意《しゅい》なり

天は人のうえに人をつくらず、人の下に人をつくらず、といったという。天が人をつくるに際しては、万人が万人すべて平等であり、生まれながらの貴賤や上下の差別はなく、万物の中で最も優れている人間の心身の活動によって、天地の間に存在するすべてのものを用い、それ

をもって衣食住の役に立て、自由自在、相互に他人を妨げることなく、それぞれ安楽にこの世を渡ることができるよう、天は人間をおつくりになられたという意味である。

「天」を説明することは私にはできませんが、ここではひとまず人間の上に存《あ》る超越者のごとき存在、といった意味に捉えておけばいいのではないでしょうか。福澤は人権平等について論じているのです。その前に一言。福澤は英語の right、つまり私どもが現在「権利」といっているものを「権義」、さらには「権理通義」とも訳しております。権義であれ権理通義であれ、この時代にあっては、right の訳語がまだ定まってはいなかったということなのです。

人と人との釣合《つりあい》を問えば、これを同等と云《い》わざるを得ず。但《ただ》しその同等とは有様《ありさま》の等しきを云うに非《あら》ず、権理通義《けんりつうぎ》の等しきを云うなり。……人々持前《もちまえ》の権理通義を以《もっ》て論ずるときは、如何《いか》にも同等にして一厘一毛《いちりんいちもう》の軽重あることなし。即《すなわ》ちその権理通義とは、人々その命《めい》を重んじ、その身代所持《しんだいしょじ》の物を守り、その面目《めんぼく》名誉を大切にするの大義なり

人間おのおのを比較すれば、すべての人間は同等だといわざるをえない。しかし、ここで同等というのは、人々のありようが等しいということではなく、権利が等しいということである。……人間生まれながらの権利についていえば、これはいかにも同等であって、その軽重には一厘一毛の差もない。すなわち人間の権利とは、人々がみずからの生命を重んじ、自分の財産を

守り、体面と名誉を大切にするという基本的な権利のことをいうのである。

権利とは、個人の生命と財産、名誉を守ることだという観念は、現代社会においてはごく普通のものですが、福澤がこの文章を書いたほんの少し前までの、いや当時においてすら、「身分」によって人間の生命、財産、名誉などには画然《かくぜん》たるちがいがあったのです。だからこそ、この文章は、当時にはあっては、革命的なものだと受け取られたのでありましょう。

社会契約説

もう一つは、福澤の社会契約説についてです。人間は、本来、封建制度や絶対王制におけるような、主従関係や君臣関係に拘束さるべき存在ではない。人間は権利においてはまったく平等である。そして政府とは、この平等の権利をもつ人間集団との契約によって樹立されるべきものだ。つまり、国民と政府との関係は契約関係であり、政府は国民の代理(「名代」)として国民の権利を守る役割を担うべき存在である。思い切って単純化していうとそういう考えです。日本では中江兆民《ちょうみん》などにより、社会契約説の代表的論客であるフランスのジャン＝ジャック・ルソーの思想が紹介されて大きな影響を後に与えることになります。しかし、福澤は、兆民よりもはやい時期にこの考え方を福澤独自の言語をもって紹介しているのです。

「政府は国民の名代にて、国民の思う所に従《したが》い事《こと》を為《な》すものなり」は、社会契約論の真髄を一文でいいあらわしたものです。さらにいかにも福澤らしいものいいとして、次の文章を読んでみましょう。

抑《そもそ》も政府と人民との間柄は、……唯《ただ》強弱の有様《ありさま》を異《こと》にするのみにして、権理《けんり》の異同あるの理《ことわり》なし。百姓は米を作《つくり》て人を養い、町人は物を売買して世の便利を達す。是即《これすなわ》ち百姓町人の商売なり。政府は法令を設けて悪人を制し善人を保護す。是即ち政府の商売なり

そもそも政府と人民との関係とは、力の強弱にちがいがあるというだけのことであって、両者が権利において異なるという理屈は成り立たない。百姓は米をつくって人々を養い、町人はものを売買して世の中の役に立てる。これはつまり百姓、町人の商売である。政府とは、法令を定め悪人を制し善人を保護する。これがつまりは政府の商売である。

きわめて明快な国民と政府との権利平等論です。米を作ることが農民の、物を流通させることが町人の「商売」であるのと同様に、法令を作って農民や町人を守護することが政府の商売である。商売という点でみればいずれもがまったく同権だというのです。さらに、こういいます。

この商売を為《な》すには莫大《ばくだい》の費《ついえ》なれども、政府には米もなく金もなきゆえ、百姓町人より年《ねん》貢運上《ぐうんじょう》を出して政府の勝手方《かってがた》を賄《まかな》わんと、双方一致の上、相談を取極《とりき》めたり。是即《これすなわ》ち政府と

人民との約束なり。故に百姓町人は年貢運上を出して固く国法を守れば、その職分を尽《つく》したりと云《い》うべし。政府は年貢運上を取《とり》て正しくその使払《つかいばらい》を立て、人民を保護すれば、その職分を尽したりと云うべし

政府という商売には莫大な資金が必要だが、政府には米もなく金もないために、百姓からは年貢を、町人からは税金を取り立てて政府の財政を賄う。このことを政府は百姓、町人と相談したうえで取り決めており、これはすなわち政府と人民との約束に他ならない。それゆえ百姓は年貢を、町人は税金を納めるという国法を固く守るならば、その職分を尽くしたことになり、政府は年貢と税金を徴収してこれを支出に当てて人民を保護するならば、その職分を尽くしたことになろう。

社会契約論の原型的な論理がしっかりと書き込まれています。福澤は別に人間の「権理通義」は「同位同等」であるというふうにも書いていています。英語でこれを「レシプロシチ」または「エクウヲリチ」というのだといっています。前者は reciprocity（つまり互恵性《ごけい》）、後者は equality（つまり平等性）のことです。

一国独立の権義

人と人とが権利において平等であり、国民と政府とも「同位同等」であれば、国と国との関係

も同位同等でないはずはない、というふうに論理を展開してさらに次のようにいいます。

今この義《ぎ》を拡《おしひろめ》て国と国との間柄を論ぜん。国とは人の集《あつま》りたるものにて、日本国は日本人の集りたるものなり、英国は英国人の集りたるものなり。日本人も英国人も等しく天地の間の人なれば、互《たがい》にその権義を妨《さまたぐ》るの理なし。一人が一人に向《むかい》て害を加うるの理《り》なくば、二人が二人に向て害を加うるの理もなかるべし。百万人も千万人も同様のわけにて、物事の道理は人数の多少に由《より》て変《へん》ずべからず

今度はこの権利平等という正しい道を拡大して、国家間の関係について論じてみよう。国とは人間の集団であり、日本国は日本人の集まりであり、イギリスはイギリス人の集まりである。日本人もイギリス人と同じく天地の間に存在する人間であるからには、相互にその権利を妨げる理由はない。一人の人間が他の一人の人間に害を加える理由はないのだから、二人が二人に向かって害を加える理由があるはずもない。百万人も千万人も同様の理由によって、ものごとの道理は人数の多い少ないによって変わるものではない。

まことに説得的というべきです。そのうえで、それはそうだが、肝心なのは国民の独立への気概であり、この気概がなければ一国独立の権利を主張してこれを伸長することは難しい。福澤を語る場合のキーワード「一身独立して一国独立す」がこれです。

国と国とは同等なれども、国中の人民に独立の気力なきときは、一国独立の権義《けんぎ》を伸《のぶ》ること能《あた》わず

ミッヅルカラッス

しかし、天賦人権説と社会契約説をみごとに説く『学問のすゝめ』の中に、はやくも後年の思想に通ずる福澤固有の考え方が少しずつ出始めているように私には思われます。福澤は決して「国民平等」などという思想を本気で推奨などはしていないのです。以下、この点についての『学問のすゝめ』の私の読み方を述べてみようと思います。

人間のもっている権利は生得《せいとく》的に平等だという一方で、人間社会には階層（「地位」）というべきものがある。このうち、社会を動かす中心的な階層は「ミッヅルカラッス」つまり中産階層（ミドルクラス middle class）だと福澤はいって、次のように指摘しています。

国の文明は上政府《かみ》より起《おこ》るべからず、下小民《しもしょうみん》より生ずべからず、必ずその中間より興《おこり》て衆庶《しゅう しょ》の向う所を示し、政府と並立《ならびたち》て始《はじめ》て成功を期すべきなり。西洋諸国の史類《しるい》を案《あん》ずるに、商売工業の道、一《ひとつ》として政府の創造せしものなし、その本《もと》は皆中等の地位にある学者の心匠《しんしょう》に成りしものゝみ

一国の文明は上流の政府の方からやってくるものではなく、また下流の庶民より生じるものでもない。必ず社会の中流階層から興って一般の人々の向かうべき方向を示し、この中流層が政府と並び立って初めて国の成功はこれを期すことができる。西洋諸国の歴史的経験を顧みるならば、商工業の道において政府が創造したものは何一つなく、その手本はすべて中流層の地位を占める学者の心中の工夫により成り立ったものばかりである。

ジェームズ・ワットによる蒸気機関、ジョージ・スティーブンソンによる鉄道、アダム・スミスによる経済学、これらはすべて中産階層の人々の発明や工夫によって生まれたものだというのです。ここで福澤が「学者」といっているのは、現在私どもがいう学者というよりは、中産階層に属し、苦役の労働から解放され知識を蓄えて社会の指導的地位にある人々、といった感じです。つまり福澤にあっては、文明化を推し進める人間とは、「正《まさ》に国人《くにびと》の中等に位《くらい》し、智力を以て一世を指揮」する人間なのです。

愚民観

天賦人権説、社会契約説の二つを実に明快に論じながら、他方、福澤の「庶民」に対する見方は相当に辛辣《しんらつ》です。

無学文盲《もんもう》、理非《りひ》の理の字も知らず、身に覚えたる芸は飲食と寝ると起《おき》るとのみ、その無学のくせに慾《よく》は深く、目の前に人を欺《あざむき》て、巧《たくみ》に政府の法を遁《のが》れ、国法の何物たるを知らず、己《おの》が職分の何物たるを知らず、子をばよく生めどもその子を教《おしゆ》るの道を知らず、所謂《いわゆる》恥も法も知らざる馬鹿者にて、その子孫繁昌《はんじょう》すれば一国の益《えき》は為《な》さずして、却《かえっ》て害を為す者なきに非《あら》ず。斯《かか》る馬鹿者を取扱うには、迚《とて》も道理を以《もっ》てすべからず、不本意ながら力を以て威《おど》し、一時の大害を鎮《しず》むるより外《ほか》に方便《ほうべん》あることなし。是《こ》れ即《すなわ》ち世に暴政府のある所以《ゆえん》なり

現代語訳をつけるまでもなくわかりやすい文章です。「無学文盲《もんもう》、理非の理の字も知らず、身に覚えたる芸は飲食と寝ると起《おき》るのみ……」が、『学問のすゝめ』の「二編」に出てきて驚かされます。福澤のいわば「愚民観」は氏の論説のあちらこちらに顔を出しています。福澤は庶民を文明化や社会発展の原動力とは捉えていないのです。福澤が期待するのはあくまで中産階層なのです。政府に多くは期待できないし、かといって庶民はまるで文明化には無頓着である。中産階層の中から日本の文明化を本気で推進すべき者いでよ、というのが福澤の強い気分なのです。福澤が慶應義塾を創設した精神がまさにここにあります。

マルチルドム——殉教　殉死

権力に抗する三策

世に流布されている福澤論からすると、いかにも意外と思われることが『学問のすゝめ』の「七編」の中で語られています。政府というのはとかく暴政を行うものだが、これに抗するに国民は何をなすべきかといって、三策があるといいます。第一策は、「節を屈して政府に従う」、第二策は「力を以《もっ》て政府に敵対する」、第三策は「正理《せいり》を守《まも》て身を棄《すつ》る」です。このうち第三策が最上策だと福澤はいうのです。第三策の内容を福澤の文章でいうと、こうです。

正理《せいり》を守《まもり》て身を棄《すつ》るとは、天の道理を信じて疑わず、如何《いか》なる暴政の下《もと》に居て、如何なる苛酷《かこく》の法に窘《くるし》めらるゝも、その苦痛を忍《しのび》て我　志《こころざし》を挫《くじ》くことなく、一寸の兵器を携《たずさ》えず、片手の力を用いず、唯《ただ》正理を唱《となえ》て政府に迫ることなり。……世を患《うれえ》て身を苦しめ、或《あるい》は命を落すものを、西洋の語にて「マルチルドム」と云《い》う。失う所のものは唯一人《ただいちにん》の身なれども、そ

の功能は千万人を殺し、千万両を費《ついや》したる内乱の師《いくさ》よりも遥《はるか》に優《まさ》れり

正しい道理を守ってわが身を捨てるとは、天の道理を信じて疑わず、いかなる暴政の下にあっても、いかなる苛酷の法律に苦しめられても、なおその苦痛に耐え、自分の志をまげず、まったく兵器を携えず、片手の力さえ用いることもなく、ただ正しい道理を唱えて政府に迫ることである。……世を憂いてわが身を苦しめ、あるいは命をも犠牲にすることを西洋の言葉では「マルチルドム」という。失うものはただ自分ひとりの身体だけだが、その影響力には千万人の死、千万両を要した内乱にはるかに勝るものがある。

ウェブスター辞典に当たってみますと、マルチルドムつまりマーティダム（martyrdom）とは、the suffering of death on account of adherence to a cause and especially to one's religious faith とあります。つまり、一つの要因とりわけ人間の宗教的信念に忠実であるがゆえに死を受容すること、といった意味です。日本語でいえば、「殉教《じゅんきょう》」「殉死《じゅんし》」といった語感です。

佐倉惣五郎

人民の権義を主張し、正理を唱《となえ》て政府に迫り、その命を棄《す》て、終《おわり》をよくし、世界中に対して恥《はじ》ることなかるべき者は、古来唯《ただ》一名の佐倉宗五郎《さくらそうごろう》あるのみ

人民の権利を主張し、正しい道理を唱えて政府に迫り、命を投げ捨てて最期を遂げ、世界に

恥じることのない人物は、古来ただひとり佐倉宗五郎のみである。

佐倉宗五郎とありますが、通称が佐倉宗吾《そうご》、本名が木内惣五郎のことです。人名辞典などでは佐倉惣五郎として載せられています。読者もこの名前はお耳にされたことがあろうと思われます。江戸時代の慶長一〇（一六〇五）年、下総国《しもうさ》（現在の千葉県）佐倉藩領二〇〇村余の百姓一揆の指導者となった人物です。領主の堀田正信による重い年貢の取り立てに喘《あえ》ぎ、食うや食わずの農民をみるにみかねた佐倉が、上野寛永寺《かんえいじ》に参詣《さんけい》する第四代将軍の徳川家綱に農民の窮状《きゅうじょう》と堀田氏の苛政《かせい》を直訴したと伝えられる人物です。堀田正信の苛政は幕府の命によって改められたものの、惣五郎は御法度《ごはっと》（禁令）の直訴の罰により妻ともども磔《はりつけ》となり、男子も死罪となったといわれています。

資料は存在せず、実際に起こったことの仔細《しさい》は不明なのですが、江戸中期以降、『佐倉義民伝』などが書物として出回り、歌舞伎や義太夫節《ぎだゆう》などで脚色上演され、庶民の大きな人気を博《はく》しました。日本史の中でマルチルドムをもって正義を主張した人物はただ一人、佐倉のみであると福澤が主張したことには大変に興味をそそられます。

マルチルドムのことを福澤が『学問のすゝめ』の「七編」に書いたのは、明治七（一八七四）年の三月のことです。その直前の二月に「佐賀の乱」が起こって世情騒然たる時期でした。征韓論争に敗れ西郷ともども下野して佐賀に帰っていた江藤新平を不平士族が促し、新政府軍に挑んで鎮圧された叛乱《はんらん》が佐賀の乱です。

江藤新平といえば、佐賀藩の下級武士の家に生まれ、維新後は文部大輔《たゆう》（文部大臣）、ついには司法卿（法務大臣）にまでなった明治政府の要人中の要人です。もちろん佐賀士族の誇りでした。この人物の下野、帰郷が不平士族の一団を凝集させる一大要因となったことは容易に想像されます。当然のように江藤はすでに下野していた薩摩の西郷隆盛に挙兵を打診します。しかし、西郷はまだその時にあらずと応じず、結局は佐賀士族のみで強大化した新政府軍と戦い、無惨な敗北を喫しました。

戦場を逃れた江藤は、ようようにして薩摩にたどりつき、指宿《いぶすき》の鰻《うなぎ》温泉に逗留《とうりゅう》していた西郷と会談、薩摩挙兵すべしと鬼気《きき》迫る要求を西郷につきつけます。しかし西郷はこれにも頑として応じない。会談の資料があるはずもありませんが、池波正太郎《しょうたろう》の『西郷隆盛』（角川文庫）によれば、鰻温泉の宿屋の女将《おかみ》のいうのには、西郷が江藤に向かって、

「そりゃ、当《あ》てが違《ち》げもすぞ」

と叫ぶ声を確かに聞いた、そう記述してあります。

江藤はその後、四国で拘束され、かけつけた内務卿の大久保利通により臨時裁判所が設けられ、半日もたたないうちに判決が下されます。江藤は「梟首《きょうしゅ》」の刑に処せられたのです。梟首の刑とは、斬首した罪人の首を台にのせ、三日三晩みせしめのためにさらしものにするという、いわゆる公開処刑です。

おそらく福澤は、この事実を知り深く心を痛めて、不平士族の力による反乱に自制を求め、辛苦の人生を耐え抜けよ、反乱などではなく一身を賭《と》して正義を説きつづけよ、このマルチルドムより他に世をただすまっとうな道はないのだ、と説きたかったのにちがいありません。

増田宋太郎の眼の中の西郷

ここで私は想像をたくましくしてみたいのですが、福澤の胸中にあったのは、佐倉惣五郎ではなく、江藤新平でもなく、むしろ西郷隆盛なのではなかったかと思われるのです。

福澤は西郷とは面識がありません。しかし、西郷が福澤の著作を読んで深い感銘を受けたという話は聞いていると『福澤全集緒言』の中には書かれています。福澤思想に共鳴した西郷が部下の相当数を福澤の創設した慶應義塾に派遣していたことは記録にも残されています。

福澤と西郷との関係を示唆する人物に増田宋太郎がいます。増田は福澤より一三、四歳年下で、増田の父が福澤の母の従兄という関係にあります。中津藩士の家に生まれ、幼少時には福澤家の人々に可愛がられた人物でもありますが、同藩内の国学者により水戸学を徹底的に教え込まれ、尊王攘夷家《そんのうじょうい》（尊攘家）として成長しました。増田は他の尊譲家と同様、明治維新が成るや、政府の高官となった政治家や実業家がにわかに文明開化を唱えるようになったのみならず、維新の受益者として華美な生活を送り、蓄財に励む姿に、強い憤りをもつようになりました。そして増田は文明開化の推唱者である洋学の第一人者を福澤だと見立て、何とその暗殺を企てたのです。

増田は、福澤が東京から中津に母と姪の二人を引き取りに帰郷した時を見計らっていたのですが、ひょんなことから暗殺計画は失敗してしまいます。この辺りの事情は『福翁自伝《ふくおうじでん》』の中に生き生きと描かれていますので、そちらにまかせることにしましょう。増田はその後みずから悟るところがあって、明治九（一八七六）年には数カ月間でしたが、慶應義塾の福澤の門下生に加わり福澤の自宅に寄寓《きぐう》してその薫陶《くんとう》を受けることになったのです。

しかし、西南戦争勃発《ぼっぱつ》の報に接するや、増田には反政府の情念が再び強く湧きおこり、豊前《ぶぜん》中津藩中津隊の隊長として薩摩の西郷軍に加わることになります。ここで増田は西郷に邂逅《かいこう》、その人物の思想の深さ、器の大きさに圧倒され、この人物と生死をともにしなければ自分の生きてある証が立てられなくなると考え、西郷への敬慕《けいぼ》の念を深くして城山での戦いに殉じたのです。再び勝手な想像ですが、福澤は自分の門下生でありながら、学問半ばにして西郷軍に参加し、城山で西郷と死をともにした、自分のよく見知っていた増田という人物の眼の中に宿る西郷という人物をみつめ、そうして改めて西郷をはるかに仰《あお》ぎみたのではないか、と思われるのです。

西郷隆盛の生涯を描いた司馬遼太郎の『翔ぶが如く』（文春文庫）は、その第一〇巻で、残念ながらその出所については何も書いてありませんが、増田宋太郎のことに触れており、中津の人々に記憶されているといわれる増田の次の言葉を引用しています。

吾《われ》、此処《ここ》に来《きた》り、始めて親しく西郷先生に接することを得たり。一日先生に接すれば一日

の愛生《しょう》ず。三日先生に接すれば三日の愛生ず。親愛《しんあい》日に加はり、去るべくもあらず。今は、善も悪も死生《しせい》を共にせんのみ

何と麗しき文章でしょうか。西南戦争の敗色濃い後半にいたって熊本山中をさまよい、ついに増田は中津隊に解軍命令を出します。しかし、中津に向かう者は誰もいません。不可解な解軍命令の理由をただす中津隊兵士に向かい、増田はお前たち中津隊員は幸いにも西郷のことを知らないが、隊長である自分は薩軍本営で西郷に接することが多い。西郷という人物をひとたび知った以上、自分はどうしても西郷と生死をともにしないわけにはいかないのだといい、涙をこぼしながら語ったのが右に引用した文章だというのです。増田の西郷に対する圧倒的な欽慕《きんぼ》の心根が、どういう経路を通じてかはわかりませんが、福澤の耳にも入り、改めて西郷という人物の大いなる存在に強く心を促されたのではないかと思われるのです。

命もいらず名もいらず官位も金もいらぬ人

西郷には、著作はありません。『西郷隆盛全集』があるではないかという人がおられるかもしれませんが、これは西郷の手紙、建白書《けんぱくしょ》、漢詩がほとんどで、みずからを語る文章はまったくありません。西郷は、自分自身の心の内を外に向かって語ることなど恥ずかしいことだ、という心情の持ち主だったのではないでしょうか。ですから、書きものを通じて福澤が西郷のことを知っ

ていたとは考えにくいのです。ただ西郷の行動とその精神が西郷を取り巻く人々に与えた巨大な影響力をみて、西郷という人物に大いなる尊敬の念を強めたのではないでしょうか。

『南洲翁遺訓』は、西郷の思想を文献で知る唯一の手がかりです。その中に、後世広く知られるようになった、そして、本書の読者の多くも、ああそうか、あれが西郷の言葉だったのかと想起されるであろう次のような一節があります。

命《いの》ちもいらず、名もいらず、官位も金もいらぬ人は、仕抹《しまつ》に困るもの也《なり》。此の仕抹に困る人ならでは、艱難《かんなん》を共にして国家の大業は成し得られぬなり

「艱難」は艱難辛苦の艱難です。困難に出会って苦しみ悩むことです。この文章は後にこうつづきます。

去《さ》れども、个様《かよう》の人は、凡俗の眼には見得られぬぞと申さるに付《つ》き、孟子に、「天下の広居《こうきょ》に居り、天下の正位《せいい》に立ち、天下の大道《たいどう》を行ふ、志を得れば民と之《こ》れに由《よ》り、志を得ざれば独り其《そ》の道を行ふ、富貴《ふうき》も淫《いん》すること能《あた》はず、貧賤《ひんせん》も移すこと能はず、威武《いぶ》も屈すること能はず」と云《い》ひしは、今仰《おお》せられし如《ごと》きの人物にやと問《と》ひしかば、いかにも其《そ》の通り、道に立ちたる人ならでは彼《か》の気象《きしょう》は出ぬ也

ここは少し解説的に説明をしないと伝わりにくいところです。命もいらず名誉もいらない、官位も金も不要だなどと考えている人物は、普通の人間（「凡俗」）の眼には、容易に想像できないであろう。では西郷のいう「个様な人」とは、孟子がいうところの次のような人物なのですかと西郷に問うてみると、その通りだ、というのです。「天下の広居」というのは、広く大きな空間の中に身をおいて世の中のすべてを愛《いつ》くしむ「仁」のこと、「天下の正位」とは、世のすべてを敬《うや》まう謙虚な心を貫く「礼」のこと、「天下の大道」というのは、仁義、礼儀、信義を理解し真に正しい道を生きるという「義」のことです。この仁、礼、義の道を理解してもらえるならば、ともにその道を歩めばいいし、またもし理解されなければ一人であっても、その道を果敢に歩む志が不可欠である。どんな金持ちでも身分の高い者でも、この志を曲げることはできず、あるいは自分がどんなに貧しい状況におかれても、武家の威光に圧せられてもそれに屈することもない。西郷の理想とするのは、孟子のいうところのそういう人間のことかと聞いてみると、いかにもその通りである、道を行わんとする者であれば、そういう気概をもって事に当たらねばならない、と答えたというのです。

ここに西郷のマルチルドムは、一段と鮮明にうかがわれます。マルチルドムつまり殉教、殉死を覚悟してことに当たれというのです。福澤は、佐倉惣五郎や西郷隆盛などの擁していた旧時代の道徳に大きく傾いているといわねばなりません。くどいようですが、これが福澤最大のベストセラー、福澤の言論活動の初期の著作『学問のすゝめ』の中にすでにはっきりとした形をとってあらわれていることに、私どもは注目しなければなりません。福澤を文明開化論者、欧化主義者、啓蒙思想家だといって、それで福澤像を閉じてしまうことがいかに単純な一面化であるか、を理解していただけるのではないかと思います。

開化先生はまっぴらだ

福澤がみずからを欧化主義者だと思われるのは、まっぴらだ、といっている文章が『学問のすゝめ』の第一五編に出てきます。

近日、世上《せじょう》の有様《ありさま》を見るに、苟《いやしく》も中人《ちゅうにん》以上の改革者流、或《あるい》は開化先生《かいかせんせい》と称する輩《やから》は、口を開けば西洋文明の美を称し、一人これを唱《となう》れば万人これに和し、凡《およ》そ智識道徳の教《おしえ》より、治《ち》国《こく》、経済、衣食住の細事に至るまでも、悉皆《しっかい》西洋の風を慕《した》うて之《これ》に倣《なら》わんとせざるものなし。……西洋の文明は我国の右に出ること必ず数等ならんと雖《いえ》ども、決して文明の十全《じゅうぜん》なるものに非《あら》ず。その欠典《(点)》を計《かぞう》れば枚挙に遑《いとま》あらず。彼の風俗、悉《ことごと》く美にして信ずべきに非《あら》ず、我の習慣、悉《ことごと》く醜《しゅう》にして疑うべきに非ず

近頃の世間の様子をみてみると、およそ中流階層以上の改革者流あるいは開化先生と呼ばれるような人たちは、口を開けば西洋文明の長所ばかりを吹聴し、一人がそういえばまわりのみ

んながこれに和し、知識や道徳に始まって政治、経済、衣食住の細部にいたるまで、全部西洋風を理想としてこれを模倣しようとしない者はいない。……西洋文明がわが国の文明より数等優れていることは確かだが、その文明は決して十分なものではない。その欠点を取りあげてみれば枚挙にいとまがないほどである。西洋の風俗のすべてに長所があって信頼できるものだというわけではなく、わが国の習慣がすべて欠点だらけで信頼できないものだというわけではない。

「開化先生」というのはみずからを文明化の主唱者だと称する偉い先生、といった福澤の揶揄《やゆ》的な表現です。西洋の文明が日本のそれより進んでいることは事実だとしても、もとよりそれが完全無欠なものであるはずがない。西洋のものがすべてよく、わが国のものがすべてよくないと考えるのはまったくばかげたことだ。福澤は自分のことをただの「改革者流」とか「開化先生」とみるのはとんでもないことだ、といっているのです。

福澤は西郷隆盛の思想と行動の中にマルチルドムをみております。そしてこのことは次章で論じる『丁丑公論』の中に一段と強く表出されています。

しかし、福澤のマルチルドムは、どんな暴政の下にあっても、苛酷な法の下にあっても、これを忍んで「一寸の兵器を携えず、片手の力を用いず、唯我正理を唱て政府に迫ることなり」といっていたはずではないか。世を憂いて身を苦しめ、命を落とす覚悟をもった者がマルチルドムであり、これこそが「失う所のものは唯一人の身なれども」その貢献は千万人を殺すより、千万両を費すよりはるかに大きい、といっていたのではないか。それにしては、西南戦争とは、西郷を盟主として起《た》った士族によるまことに大規模な武力反乱ではなかったか、はたしてこれがマルチルドムなのか、といった疑問を読者は抱くでしょうし、もちろん私もそこに疑問があります。この疑問に答えてくれる西郷論を私はいまなお知りません。しかし、江藤新平が佐賀の乱から逃れて西郷のもとに走り、西郷に挙兵を促した時、西郷はこれに断固反対したということはすでに述べました。西郷は士族の反乱には終始反対の立場にあったのです。

王道と覇道

「王道」と「覇道」という言葉があります。孟子の言葉です。中国の伝統に「易姓革命《えきせいかくめい》」といわれるものがあります。天子の悪政が極端な場合には、新たに天命を授かった天子が命《めい》を革《あらた》め、姓を変えて、新しい王朝を樹立することが正統化されるという考え方です。中国の王朝史は王朝の反復転変ですが、その転変を論拠づけたものが易姓革命の理論です。この理論は孟子に由来しているのです。易姓革命の「王道」論としばしばいわれているものがそれです。

王道の対照が「覇道」です。すぐに想像されますように、武力や策略により諸侯をしたがえて天下を治めるという考え方ですが、孟子はこの立場には立ちません。西郷は孟子を深く理解していたものと思われます。すでにみた西郷の哲学は、文字通り孟子そのものでした。西郷のことを

「徳の武人」だと多くの人々がみているのは、西郷が孟子の徳の体現者であったからだ、といってもいいのかもしれません。

西郷の訪韓が大久保利通などによって阻止され、これを機に西郷が薩摩に下野するにいたった征韓論をめぐる曲折については、次の章で述べます。西郷の考えは、武力による朝鮮外交ではありません。逆に、武力は一切もたず、「至誠」のみをもって朝鮮に一人赴いて諄々《じゅんじゅん》と事情を説けば、必ずや日韓修好の道は開かれるという、まさに王道政治を行わんとしていたのです。しかし、遣欧使節団に加わって欧米の「覇道」政治にめざめた大久保利通などが帰朝し、その強硬な主張によって西郷はみずからの意見を貫き通すことができず、下野を余儀なくされたのです。

さて、西南戦争ですが、西郷は下野の後、一二の分校をもつ私学校を旧薩摩藩時代の鶴丸城内に興し、「尊王愛民」を精神とする私学校を開きました。

学校長が篠原国幹《くにもと》、補佐が桐野利秋《としあき》、村田新八《しんぱち》、時の県令（知事）が鳥羽伏見の戦に臨んだ薩軍の勇士の大山綱良《つなよし》、いずれも維新動乱の生き残りでした。江藤新平の佐賀の乱が収束されて間もない頃の薩摩です。私学校はその存在自体が明治政府にとって頭痛の種でした。私学校の生徒は、いずれも西郷を深く敬慕し、西郷を神のごとき存在だと仰ぎみる者のみでした。

しかも生徒は、薩摩が中心ではあったものの、全国から私学校設立の噂を聞きつけて、屈強の不平士族が入りこんでいたのです。明治一〇（一八七七）年の初めには、政府が薩摩の内情偵察のために潜入させた密偵が私学校生徒により捕獲され、逆上した生徒が鹿児島の政府火薬倉庫を襲撃、乱入、破壊し、残る武器弾薬のすべてを奪い取りました。

密偵の一人で鹿児島出身の警視庁の中原尚雄《いさお》が拷問にかけられて西郷暗殺計画を自白させられ、大久保の密命を受けた野村剛が自首して暗殺計画のことを吐くや、私学校生徒の敵意は沸点に達し、ついに挙兵となります。

福澤が『丁丑公論』において、「西郷の死は憐《あわれ》むべし、之《これ》を死地に陥《おとしい》れたるものは政府なり」と書いたのも、このあたりの事情を知っていたからにちがいありません。密偵の西郷暗殺の口述書をもって西郷のところにあらわれた桐野利秋が大久保利通の独裁政治を口をきわめて罵《ののし》る顔を静かにながめて、西郷は、「おはんがそげに焚きつけてくれずとも、おいどんな、もはや、さからいはせぬ」といい、その夜の作戦会議に西郷は出席したものの、一語も発することはなかったと、池波正太郎は先に指摘した小説の中で記しています。

西郷は、佐賀の乱はもとより、熊本の神風連の乱、萩の乱のいずれにも呼応することはありませんでした。私学校生徒の挙兵にも積極的に応じたというのではありません。覇道は西郷の道理とするところではなかったのです。私学校生徒の挙兵の報せが、大隅半島小根占《こねじめ》で狩猟をしていた西郷に届いた時の一言目が、「しもった」であり、二言目が「天だ、天でごわすよ」であったと池波は書いています。

西郷は、覇道を最後の最後までおしとどめ、王道に生きようとしたのですが、これを私学校生徒に徹底させることかなわず、ついに覇道に踏み入ってしまったのです。西郷は臍《ほぞ》を噛《か》むのですが、その後はもう「死に場所」を求めて戦陣をさまよったというのが真実にちがいありません。福澤は、西郷のその姿の中にマルチルドムをまぎれもなくみていたのではないのか、というのが私の見立てです。

第2章

第二の西郷出でよ——福澤の西郷擁護論

『明治十年丁丑公論　瘠我慢の説』明治34年

維新最大の功労者

征韓論から西南戦争へ

それでは『丁丑公論《ていちゅうこうろん》』に入りたいのですが、この論説をよりよく理解するためには、いくつかの知識を事前にもっておいた方がいいと思われます。

『明治十年丁丑公論』が正式のタイトルです。丁丑というのは丁《ひのと》と丑《うし》が一つになっている干支《えと》で、明治一〇（一八七七）年のことを指します。西南戦争の起こった年です。西郷隆盛擁護のために天に愧《は》じることない論説という意味で「公論」と福澤は銘打っているのです。この公論は、西南戦争の直後に一気に書き上げたリズム感あふれる格調の高い文章です。

福澤自身の文章を是非《ぜひ》読んでほしいのです。

明治時代の文章などというと、もうそういわれただけで難解な文章だと思い込んで端《はな》から読む気がしないという読者も多いのではないでしょうか。しかし、それは思いちがいです。福澤の文章の多くは、実に明快です。少し馴《な》れてくるとそのリズムが快《こころよ》く比喩《ひゆ》などがまことに巧みで、間の取り方などを含め、ものによってはまるで古今亭志《ここんていし》ん朝《ちょう》さんの落語を思い起こさせるような名調子です。時に「いよっ！」と声をかけたくなるほどです。

さて、『丁丑公論』の主要テーマは、西南戦争を引き起こした西郷隆盛の正統性についてです。この戦争に西郷を追い込み死にいたらしめた時の政府と、政府に追随したジャーナリズムを鋭い筆法をもって難《なん》じた、名文家福澤の中でも一段と高い品格をもって知られています。

西南戦争とはどんな戦争であったのかを知っておくことが『丁丑公論』を理解するためには必要です。西南戦争について語るためには「征韓論」、また征韓論を知るのには開国・維新期の極東アジア情勢について若干の知識をもっていた方がいいと思われます。これらをひっくるめて概略的なことを記しておきましょう。

明治維新が成って明治元（一八六八）年、王政復古を遂げた新生国家日本は、朝鮮政府（李朝政府）に対し国交を結びたい旨を天皇の名による「国書」をもって伝達しようとしました。しかし、朝鮮政府は国書の受け取りを頑《かたく》なに拒否しつづけます。拒否の理由は、国書に「皇上《こうじょう》」「奉勅《ほうちょく》」の二字が記されていたからだというのです。「皇」は中華帝国の皇帝、「勅」は中華帝国皇帝の詔《しょう》勅《ちょく》（勅書《ちょくしょ》）を意味します。この文字を記した国書を、日本の臣下ではない朝鮮が受け取ることは原理的に不可能だというのです。「原理主義」ですね。

再三、再四の日本側の要求もこの理由によってすべて朝鮮政府に拒絶されてしまいました。あまつさえ、釜山《プサン》にある日本領事館「草梁《そうりょう》公館」（倭館《わかん》）に対して、朝鮮政府は食糧や燃料の供給を絶つという挙に出ました。ここで日本に湧き起こったのが征韓論です。参議の板垣退助が居留民保護のために軍隊急派の必要性を主張するほどまでに両国の間には緊張が走りました。参議というのは、明治維新に功績のあった西郷隆盛、木戸孝允《たかよし》、板垣退助、大隈重信の四人の行政を担ったいわば大臣のことです。しかし、筆頭参議かつ陸軍大将の西郷隆盛は、朝鮮に対しては「公理公道」を尽くし、非武装の礼装をもって臨めば道は開かれると主張し、全権使節をみずから買って出ることにしたのです。閣議でもそう決定されました。しかし、この西郷の決意を挫《くじ》くできごとが起こったのです。

実は、西郷の訪朝の決定がなされ、西郷が訪朝の準備をしている際中に、岩倉使節団が帰国してきました。岩倉使節団とは、倒幕運動に参加した公家《くげ》で、維新後は右《う》大臣として行政のトップの座にあった岩倉具視《ともみ》を正使とし、木戸孝允、大久保利通《としみち》、伊藤博文などを副使とする遣欧《けんおう》使節団のことです。明治政府の首脳四六名、これに随員や留学生を加えての一大デレゲーション（代表団）を組んで、建設さるべき新国家の具体像を求め、アメリカ、イギリス、フランス、ドイツ、ロシアその他全一二カ国を、何と一年九カ月にもわたって巡回し、「文明国」の文明国たるゆえんを精細に観察して帰ってきたのです。新生明治政府それ自体がユーラシア大陸を長駆《ちょうく》一巡したかのごとき壮図《そうと》でした。

帰朝した岩倉、大久保などは、西郷の訪朝のことを聞くに及び、目下は明治日本の建設が最優先課題であり（「内治優先」）、朝鮮との戦争や列強の干渉、介入を引き起こしかねないリスクをとる余裕など日本にはない。文明国たるべく「富国強兵・殖産興業」に全力を注ぐべき時ではないかと主張して、西郷の訪朝をおしとどめたのでした。ここで西郷は潔く辞表を提出、つづいて板垣、江藤新平、後藤象二郎、副島種臣《そえじまたねおみ》も政府から去っていったのです。「明治六年の政変」と呼ばれるできごとです。

西郷隆盛は、明治維新最大の功績者です。封建制度が最終的に終局を迎えたのは、明治四（一九七二）年七月の「廃藩置県」によってです。全国二七六の藩を廃止し、中央政府が府知事と県令を派遣することによって、中央集権的国家の体裁が初めて設《しつら》えられたのです。その廃藩置県の断行に決定的な力をふるったのが西郷です。旧封建時代の巨大な既得権益者からの反抗は必至であり、これに抗《こう》するに薩摩、長州、土佐の三藩から一万人余の御親兵を集めて編成、これが日本陸軍の原型となります。陸軍大将が西郷であり、その強力なリーダーシップのもとで廃藩置県という大業が完成するのです。西郷を補佐する次将が桐野利秋でした。

明治維新最高の功臣が西郷です。西郷に対する国民の人気と敬愛には絶大なるものがありました。この西郷が明治政府を去り、薩摩に帰郷してしまったのです。権力を失った不平士族が、中央政府に向け反抗の刃《やいば》を研《と》いていた時期でした。江藤新平による「佐賀の乱」、熊本県での「神《しん》風連《ぷうれん》の乱」、福岡県での「秋月《あきづき》の乱」、山口県での「萩の乱」などです。これらの乱は、いずれも新政府軍によって鎮圧されてしまいます。西郷隆盛は不平士族にとって最後に残る求心的な人物でした。

西郷が鹿児島に私学校を設立するや多くの有数の不平士族がこれに参画、明治一〇（一八七七）年四月、西郷は私学校の生徒や士族に促され、ついに挙兵のやむなきにいたったのです。熊本城の攻防を経て田原坂での激戦を境に薩軍は劣勢に陥り、七カ月の死闘でついに刀折れ矢尽き、西郷は鹿児島の城山で自刃《じじん》。西南戦争が終わり、不平士族の反乱はここで収束、新政府が凝集力《ぎょうしゅうりょく》を強めつつ明治維新が完成の方向に向かったのです。不平士族の反乱を西南戦争でもって終わらせたという功績を、西郷は残したということもできるのです。

中華思想の内と外

ところで、征韓論が明治政府にとってなぜ重大な課題であったのかも、ここで少し記しておいた方がよかろうと思います。後に福澤の『脱亜論《だつあろん》』などの重要な論説について考案する際にも必須の知識ともなります。

改めて東アジアの地図を眺めてみますと、朝鮮半島はユーラシア大陸から日本の脇腹に向けて突きつけられた一本の鉈《なた》のような形状をもって位置していることがわかります。中華帝国、ロシア帝国、モンゴル帝国などのユーラシア大陸の強大国が日本への勢力伸長を図ろうとする場合、朝鮮半島を経由せずしてそれは不可能なことでした。それゆえ朝鮮半島が日本の敵対国となったり、敵対勢力の影響下におかれることは、日本としてはどうしても避けねばならなかったのです。地政学上の宿命というべきです。

しかも、李朝時代の朝鮮は清国と君臣関係にあって、清国に服属しておりました。服属の証《あかし》として朝貢の礼式に服し、その見返りに王号や爵位《しゃくい》を与えられて民の統治を委《ゆだ》ねられるという中華帝国中心の国際秩序の下におかれていたのです（清韓宗族関係）。

中華帝国を中心とした階層的な国際秩序は「冊封体制《さくほう》」と呼ばれます。冊封とは、君主が臣下に冊書と呼ばれる任命書を授《さず》け、任命を受けた臣下が君主から土地（封土）を与えられる行為のことをいいます。冊封体制をもたらした中華帝国と周辺諸国との価値の関係が、皆さんもよく耳にされる「中華思想」ですが、専門用語では「華夷秩序《かい》」といいます。夷とは東方の異民族、野蛮人のことです。蛮夷《ばんい》ともいいます。華夷秩序においては、礼にもとづく道義性の序列において最も高位にあるのが中華です。この中華から外縁に向かって同心円的に広がり、中華から遠くに位置する人種や民族ほど価値において低いという上下関係が想定されていました。

朝鮮はこの華夷秩序に組み込まれて、中華に「服属」せざるをえない位置におかれていたのです。一方、日本は華夷秩序の埒外《らちがい》にありました。そうなったのは、中華帝国との地理的な近接の度合い、つまり中華帝国の圧力を直接的に受けざるをえない朝鮮と、対馬海峡の荒い潮流によって半島から隔てられ、中華帝国の影響を排除できる位置にあった日本という地政学的なポジションの違いだったのです。朝鮮が華夷秩序の中に「構造化」され、日本がその埒外にあったというこの事実が、開国・維新後の日本と朝鮮との関係の順調な進展を妨げてしまったのです。

島津斉彬と橋本左内

さて、西郷隆盛です。内村鑑三は、明治四一（一九〇八）年に英文の著書 *Representative Men of Japan* を刊行します。その翻訳『代表的日本人』（鈴木範久訳、岩波文庫）において、西郷隆盛、上杉鷹山《ようざん》、二宮尊徳、中江藤樹《とうじゅ》、日蓮上人の五人をあげ、筆頭の西郷を次のように評しています。

一八六八年の日本の維新革命は、西郷の革命であったと称してよいと思われます。……西郷なくして革命が可能であったかとなると疑問であります。木戸や三条を欠いたとしても、革命は、それほど上首尾ではないにせよ、たぶん実現をみたでありましょう。必要だったのは、すべてを始動させる原動力であり、運動を作り出し、「天」の全能の法にもとづき運動の方向を定める精神でありました。／一度動き始め、進路さえきまれば、あとは比較的簡単な仕事であります。その多くは、西郷よりも器量の小さな人間でもできる機械的な仕事でありました。

西郷は、あの時代にあっては稀にみる英明的な薩摩藩主・島津斉彬《なりあきら》の思想に強く促されて日本の文明化を望むようになった人物です。斉彬は藩主になる以前の、つまり世子《せいし》の時代から、老中の阿部正弘《まさひろ》や水戸の徳川斉昭《なりあき》、越前の松平春嶽《しゅんがく》、土佐の山内容堂《ようどう》などの俊秀《しゅんしゅう》と親交を結んで思想を磨きました。斉彬は薩摩藩主となるや、同藩において日本初の洋式軍艦「昇平丸《しょうへいまる》」と蒸気船

「雲行丸《うんこう》」の造船事業、大反射炉《おおはんしゃろ》や熔鉱炉《ようこうろ》などの鉄鋼事業に精出し、明治維新後の日本の「殖産興業・富国強兵」の原型を薩摩の地で展開した人物でした。松平春嶽をして「英明近世の第一人者」といわしめたこの斉彬からの抜擢《ばってき》により西郷は斉彬の「庭方役《にわかたやく》」、つまりは斉彬の秘書的な役割を務め、第一三代将軍家定の継嗣《けいし》（あとつぎ）問題などで、斉彬の命を受け意を汲んで東奔《とうほん》西走《せいそう》します。その過程で斉彬は西郷への信頼を深め、西郷は斉彬の思想と行動に強く傾倒していきます。この主君のためであれば生死を厭《いと》わないと心を決めたのです。

しかしながら、大老井伊直弼《なおすけ》の就任により、徳川慶喜《よしのぶ》を擁立しようとする斉彬ら一橋派（尾張徳川派、紀州徳川派と並ぶ御三家のうちの一派）の画策が頓挫《とんざ》し、その混乱の政事の最っ真中に斉彬が急死してしまいました。西郷が決意したのは殉死《じゅんし》でした。しかし、斉彬の果たせなかった理想を胸に、国事に徹底的に奉仕することが斉彬への報恩《ほうおん》になるはずだと、自らも井伊直弼の「安政の大獄」によって追われている身の清水寺成就院《じょうじゅいん》住職の月照《げっしょう》から諭されます。月照は、薩摩藩と朝廷との橋渡しの役を務め、西郷とは深い同志関係にあった人物です。大老の井伊は弾圧の手を緩めず、行き場を失った西郷は月照ともども、薩摩半島と大隅《おおすみ》半島に挟まれた錦江湾《きんこうわん》に身を投じました。月照は海中に沈んで浮かびあがることはありませんでしたが、西郷はすくい上げられ奇跡的に蘇生《そせい》しました。

西郷の思想的なバックグラウンドを形成したもう一人の人物が橋本左内でした。越前国福井藩士の橋本左内は幕政を改変して西欧の先進技術を導入し強国とならねば、日本が世界に悟《ご》することは難しいという、現代の用語法でいえば帝国主義時代の地政学に関する確たる思想をもって日本の安全保障を論じた先覚者です。左内は「器械芸術彼に取り、仁義忠考我に存す」、つまり文明は西欧に学ぶものの、道徳は東洋の日本のものでなければならないと考えていた人物です。しかし、左内は将軍継嗣問題に介入した咎《とが》をもって井伊の「安政の大獄」によって刑死を余儀なくされました。西郷が城山で自刃する時に着物の中に収めていたものは左内からの手紙であったとも伝えられています。

左内から受けた西郷の思想が、広く知られている「敬天愛人」です。内村鑑三の西郷像は、東洋道徳の実践者としての西郷、文明化の中に武士道の精髄を貫《つらぬ》かんとした西郷というふうにまとめていいように思われます。

庄内藩主が西郷の語りを筆記した貴重な文献に『南洲翁遺訓《なんしゅうおういくん》』があります。戊辰《ぼしん》戦争で西郷軍に敗れ、極刑を覚悟していた庄内藩の重臣が、戦《いくさ》にあっては敵ではあっても戦が終われば敵は敵ではない。敗者を痛めつけることなど天理公道にもとるとして西郷は庄内藩士に寛大な処置を取ったのですが、これに深く感動した庄内藩士たちが薩摩を訪れて、西郷が語るもろもろの言行を記した著作が『南洲翁遺訓』です。

福澤はなぜ「逆賊」を擁護したのか

専制の精神　抵抗の精神

さて福澤諭吉の『丁丑公論』に入っていきましょう。この論説にも「緒言《しょげん》」があって、自分がこの論説をあえて書いた理由を述べているのですが、福澤の名文、かくのごときかの観がありま す。次のような意味のことから緒言が始まっています。

人間は誰しも自分の思うように事を運びたいという願望をもっており、これは「専制の精神」というべきものである。専制の精神は個人も政府も、全人間が性《さが》としてともどもこれを共通にもっており、別に咎《とが》めるべきものではない。しかし、専制もこれを放縦《ほうじゅう》にまかせておけば際限がなくなり、社会は閉塞してしまう。したがって、専制の一方には、これに抗する「抵抗の精神」を働かせなければ社会は成立しない。専制の精神と抵抗の精神のバランスが不可欠だといったことが緒言に書かれています。

しかし、といって次のように福澤はいいます。

近来日本の景況《けいきょう》を察するに、文明の虚説に欺《あざむ》かれて抵抗の精神は次第に衰頽《すいたい》するが如し。苟《いやしく》も憂国の士は之《これ》を救うの術を求めざるべからず。抵抗の法一様ならず、或《あるい》は文を以《もっ》てし、或は武を以てし、又或は金《きん》を以てする者あり。今、西郷《さいごう》氏は政府に抗するに武力を用いたる者にて、余輩の考《かんがえ》とは少しく趣《おもむき》を殊《こと》にする所あれども、結局その精神に至《いたり》ては間然《かんぜん》すべきものなし

最近の日本のありさまを眺めていると、文明の虚説に欺かれて、抵抗の精神は次第に勢いを失ないつつある。かりそめにも国を憂うる者であれば、かかる状態からいかに脱するかを考えねばならない。抵抗の方法にはさまざまなものがあろう。文筆をもって抵抗するもよし、武力に訴える方法もあり、財力をもってする者もいよう。西郷隆盛は武力を用いて政府に抵抗した者である。この点では、私とは考えを少々異にしてはいるものの、つまるところ抵抗の精神という点においてはあれこれと批判すべきものは何もない。

反骨の人

福澤は西郷擁護の弁をこう切り出します。

余は西郷氏に一面識の交《まじわり》もなく、又その人を庇護《ひご》せんと欲するにも非《あら》ずと雖《いえど》も、特に数日

の労を費して一冊子を記し之を公論と名けたるは、人の為に私するに非ず、一国の公平を保護せんが為なり。方今《ほうこん》出版の条例ありて少しく人の妨《さまたげ》を為《な》す。故に深く之を家に蔵《おさ》めて時節を待ち、後世子孫をして今日の実況を知らしめ、以て日本国民抵抗の精神を保存して、その氣脈《きみゃく》を絶つことなからしめんと欲するの微意《びい》のみ

私は西郷氏には一度も会ったことはない。また西郷氏を庇護するつもりもない。しかし、あえて数日の時間をかけてこの一文を認《したた》めこれに「公論」と付する理由は、公のことをひとりじめするためではまったくない。一国の公平を保つために他ならない。近年、出版条例などが公表の妨げとなっており、それゆえ、この論説は家の中に深く秘しておき、公表してもいい時期がやってくれば後世の子孫に真実を知らしめ日本国民の抵抗の精神を維持し、抵抗の気概が絶たれてしまうことのないようにしたい、その目的のためにのみこの論説を書いているのである。

この論説が公表されたのは、明治三四（一九〇一）年二月一日から八日までの『時事新報』の連載八回においてです。福澤病没の直前のことでした。「新聞紙条例」とは「讒謗律《ざんぼう》」とともに明治八（一八七五）年に公布された法律です。いかな福澤といえども反政府的言論を公表することは、刑罰を覚悟せずしては不可能だったのです。讒謗とは、現在ではもう不可解な用語になりましたが、他人の栄誉を害する行為を讒毀《ざんき》、人の悪名を公にすることを誹謗《ひぼう》といって、その讒と謗とを結びつけた言葉です。

緒言が終わって本文に入り、福澤は、早速こう書き出します。

本年西南の騒動に及び、西郷、桐野《きりの》等の官位を剥脱《はくだつ》したるその日より、之《これ》を罵詈讒謗《ばりざんぼう》して至《いた》らざる所なし。その有様は恰《あたか》も官許《かんきょ》を得て人を讒謗する者の如《ごと》し。官許《かんきょ》の心得《こころえ》を以《もっ》て憚《はばか》るなきは姑《しばら》く許すべしと雖《いえど》も、尚《なお》これより甚《はなは》しきものあり。従来新聞の記者又は投書家は、事を論ずるに条例を恐れて十分に論鋒《ろんぽう》を逞《たくまし》うすること能《あた》わず、常に婉語諷言《えんごふうげん》を以《もっ》て暗に己《おのれ》が所見を示すの巧《こう》を得たりし者なるが、西郷の一条に至《いたり》ては毫《ごう》も斟酌《しんしゃく》する所なく、心の底より之を悪《にく》み之を怒るが如《ごと》くにして、啻《ただ》に斟酌《しんしゃく》を用いざるのみならず、記事雑報の際にも鄙劣《ひれつ》なる悪口《あっこう》を用い無益なる贅言《ぜいげん》を吐《はい》て、罵詈誹謗《ばりひぼう》の事実に過《す》ぐるもの尠《すく》なからず

今年、西南戦争が起こり、西郷氏や桐野氏などの官位が剥奪されるや、その日から（ジャーナリズムは）彼らを罵り誹謗してとどまることがない。その激しさはまるで政府の許可を得て人の栄誉を公然と中傷するかのごとくである。政府の許可を得て自由に論じるのはまあいいとしても、これよりずっとひどいものがある。新聞記者や評論家は事実を報じるに際し、新聞紙条例などを恐れて鋭い筆鋒《ひっぽう》をもってせず、ただ遠まわしに表現して自分の意思を暗示するという術に長《た》けている者だが、西郷氏の一件についてのみは、氏の心情をまったく汲み取ることなく、まるで心底から西郷氏を憎み怒っているかごとくである。ただ心情を汲み取らないばかりではなく、記事、雑文を書き散らす際にも、卑劣にも悪口をたれ流し不要な言辞を弄して、そ

の罵詈中傷ははなはだ度を過ごしているものだといわねばならない。

こんな次第であるから、私（福澤）は西郷と西南戦争の真実を書いて後世に残しておかないわけにはいかない。そういういかにも福澤らしい反骨精神が横溢《おういつ》している文章です。讒謗律や新聞紙条例にかつては激しく反対していた『朝野《ちょうや》新聞』の成島柳北《りゅうほく》や、『東京日日新聞』の従軍記者として田原坂の戦地取材を経験し、かつ福澤とは旧知の福地源一郎までが、西郷の官位が剥奪されるや西郷を逆臣といいつのるとは何ごとか、といった福澤の反ジャーナリズムの気概がほとばしり出ています。福澤の義憤《ぎふん》というべきか、義侠心といったような気分を味わわせてくれる名文です。

西郷批判への反論

福澤は時のジャーナリズムの西郷批判に反論しながら、自身の思想を語っていきます。第一に、西郷を逆賊と称するものがいるが、西郷が無二の尊王家であるのはいうをまたない。この点については、それ以上論じるのはばかげたことだといった感じで、福澤は筆を収めています。

第二に、みずから断行した廃藩置県を経て成立した中央政府に西郷自身が弓を引くのは大義名分にもとることではないか、という批判に対しての反論です。福澤は大略次のように主張しています。大義名分というのは表向きの名分にすぎず、肝心なのは「廉恥《れんち》節義」の有無であり、「道徳品行」こそが「国を立《たつ》る所以《ゆえん》の本体」だといっています。実際、道徳品行にもとることはなはだしい者でも、政府のいうことに諾々としたがって大義名分をまっとうしているかのように装う人間が実に多いではないか。西郷はそんな程度の軽薄な名分論者ではない、といっています。

第三に、「武人の巨魁《きょかい》」たる西郷に志を遂げさせたならば、彼は旧士族を糾合《きゅうごう》して国民を抑圧し国民から自由を奪う「文明の賊」ともいうべき存在となるのではないか、という説に対してです。福澤はそれは西郷の「心事」をまるで理解していない愚論であると斥《しりぞ》けます。廃藩置県という文明の大義の実現に大いに貢献した者こそ西郷その人ではないか、というのです。

> 廃藩は時世《じせい》の然《し》からしむる所なりとは雖《いえど》も、当時若《も》し西郷の一諾《いちだく》なくんばこの大挙も容易に成《せい》を期《き》すべからざるや明《あきらか》なり。是等《これら》の事実を証《しょう》すれば、西郷は決して自由改進を嫌うに非《あら》ず、真実に文明の精神を慕う者と云《い》うべし。……西郷が士族を重んずるは事実に疑《うたがい》なしと雖も、唯《ただ》その気風を愛重《あいちょう》するのみにして、封建世禄《せいろく》の旧套《きゅうとう》に恋々《れんれん》たる者に非《あら》ず

廃藩置県は時勢の赴《おもむ》くところであるとはいえ、当時、もし西郷氏の承諾がなかったとすれば、この大業も容易には成功しなかったことは明らかである。その現実を証明するならば、西郷氏は決して自由改進を嫌う者ではなく、心底から文明の精神を慕っていた者であることがわかろう。……西郷氏が士族を重んじるのは確かだが、それはただ士族の気風を大切なものとするが

ゆえであって、封建時代における世襲の家禄といった古くからの形式や習慣に未練があるからではまったくない。

第四に、西郷が政府転覆に成功したならば、西郷の政府は必ずや兵力専制となるという批判についてです。福澤はこれもとんでもない誤解であり、屠殺《とさつ》を業とする者は必ず不信心者であり、猟師は必ず人を殺す者だとみなすような愚見だといい放っています。そもそも往時の日本には専制的軍事国家になるなどという選択肢はまったく与えられておらず、よもや西郷がそんなことを理解していなかったはずはない。かつての鎖国状態にもどることを考えていたはずはないし、そもそも西洋諸国に敵対してこれを圧倒する力など日本にあるはずがないではないか。事実、現在の政府も軍国主義化など毛頭考えてはおらず、考えたところで実現できはしない、西郷がそんなことを考えたとは到底想像できないといって、福澤はさらに次のように述べます。

人類の性質として専制を行うを好まざるものなし。然《しか》るに今の政府の人にして之《こ》れを行わざるは、心に好まざるにあらず、勢《いきおい》に於《おい》て能《あた》わざるなり。西郷の輩《やから》、武人なりと雖《いえど》もよくこの勢に敵すべけんや。開国以来日本の勢は立憲の民政に赴くものにして、その際には様々の事変故障もあれども、大勢の進《すすん》で止《とど》まざるは時候《じこう》の次第に寒冷に赴き又暑気に向うが如《ごと》くにして、之《これ》を留《とど》めんとして留むべからず人間の性質として専制を好まない者はいない。しかし、現在の政府の役人が専制を行わないのは、それを心から好んでいないからではない。時勢にかなわないからである。西郷氏はまぎれもない武人であるが、時勢の力を敵にすることはできない。明治の開国期以来、日本の時勢は立憲の民政を目標として動いており、その目標にいたるまでにはさまざまな厄介なことがあるにせよ、大勢がその方向にとどまることなく進んでいるのは、あたかも季節が次第に寒冷に向かい、また暑気に向かうのと同様、それを押しとどめることなどできるものではないというべきである。

第二の西郷を生ずることこそ国のために祝すべき

第五に、西郷が万一志を遂げたならば、西郷によって放逐《ほうちく》された人々が今度は西郷に対して乱を起こし、第二の西郷が生まれ、世の紊乱《びんらん》が限りなくなるといった説もあるが、天下の大勢に逆うことなどできるはずもない。「人民の気力」という観点からすればむしろ「第二の西郷」が生まれてほしいほどだが、そんな気力も今の社会からは失せてしまっている。そのことの方がむしろ問題ではないのかと福澤はいうのです。いかにもシニカルな筆法をもって知られる福澤らしい文章です。

第二の西郷あるべからず。或《あるい》は一、二失路《しつろ》の人が党与《とうよ》を結ばんとするも、之《こ》れに与《くみ》する者は案外に少なかるべし。実は人民の気力の一点に就《つい》て論ずれば、第二の西郷を生《しょう》ずるこそ国の為《た》めに祝《しゅく》すべき事なれども、その之《これ》を生ぜざるを如何《いかん》せん。余輩《よはい》は却《かえっ》て之《これ》を悲しむのみ

第二の西郷氏が生れることはない。少数の失意の人々が集まって徒党を結んだところで、これに加わる人々は案外少ないのではないか。実際のところ、人民の精神という一点についていえば、第二の西郷氏が生まれることこそ国家のためには慶ぶべきことだが、なかなかそういう人物があらわれてこないのはどうしてなのか。私には逆にこのことの方が悲しむべきだとさえ思われる。

西郷は天子一身の賊にあらず、道徳品行の賊にあらず、又封建を慕《しと》うて文明改進を妨ぐるの賊にも非《あら》ず、又彼をして志《こころざし》を成さしむるも大《おおい》なる後患《こうかん》もなかるべし

西郷氏は天皇に身を献じることに二の足を踏むような人物ではなく、道徳品行に違背《いはい》する者ではなく、さらに封建時代を慕って文明の改進を妨《さまた》げる者でもない。それゆえ西郷氏に志を遂げさせたからといって、困ったことは何も起こるはずがないではないか。

いずれのポイントから論じても西郷には責められるべきものは何もないと福澤はひとまずの結論にいたるのですが、それでもまだ西郷批判への福澤の反駁《はんばく》は終わっていません。むしろこれからが『丁丑公論』の本旨なのです。

政府顛覆《てんぷく》は「義」

苟《いやしく》も一国に政府を立て、法を定め、事物の秩序を保護して人民の安全幸福を進《すすむ》るの旨《むね》を誤らざれば、その国法は即《すなわ》ち政府と人民との間に取結《とりむすび》たる約束なるが故に、この政府を顛覆《てんぷく》してこの法を破らんとする者は違約《いやく》の賊として罪《つみ》せざるべからず

およそ一国において、政府を樹立し法律を制定してものごとの秩序を守り、人民の安全幸福を推進するという趣旨に誤りがなければ、その国法とは、つまり政府と人民との間で取り結んだ約束であるがゆえに、この法律を破ろうとする者は違約の賊として罰せられてしかるべきである。

まさにこれは福澤の『学問のすゝめ』における「社会契約論」です。この点で福澤は次のような論理をもって西郷批判に異を唱えるのですが、この辺りが福澤の筆法の躍如《やくじょ》たるところです。

一国に政府を立て、法を定《さだむ》るまでを第一段とし、以下事物の秩序を保護して人民の安全幸福を進《すすむ》るまでを第二段として見るべし。而してその眼目とする所《しこう》は必ず第一段に在《あ》らずして第二段に在ることならん。蓋《けだ》し第一段は名なり、第二段は実なり

一国において政府を樹立し法律を制定するまでが第一段階であり、その後、ものごとの秩序

を保って人民の安全幸福を推進するまでが第二段階だと考えねばならない。しかし最も重要なことは第一段階ではなく第二段階に他ならない。なぜなら第一段階は名《めい》であり、第二段階が実《じつ》だからである。

法治社会を求めて法をつくるのが第一段階であり、この法をもって社会の秩序を守るのが第二段階である。力をもってすれば第一段階は可能であっても、肝心なのは第二段階の秩序維持であり、これによって人民の安全幸福を守ることである。法を制定するのは名《めい》であり、法がつくるべき秩序が実である、という正論が福澤のものです。名を実現しただけで実にいたらない政府は、文字通り「有名無実」であり、有名無実の政府を転覆しようと志すのは「義」ではないか、と福澤の筆は高揚していきます。

転覆を志すものが国賊だというのであれば、現政府で高位を占めている人々こそが賊ではなかったかと次にいいます。

今の政府の顕官も十年以前西郷と共に日本国の政府たる旧幕府を顚覆《てんぷく》したる者なれば、その国賊たるの汚名は千歳《せんざい》に雪《そそ》ぐべからざるものと云《い》うも可《か》ならん。然《しか》り而《しこう》して世論之《これ》を賊と云わずして義と称するは何ぞや。旧幕府は政府の名義あれども事物の秩序を保護して人民の幸福を進むるの事実なきものと認めたるが故《ゆえ》ならん。有名無実と認むべき政府は之《これ》を顚覆するも義に於《おい》て妨《さまた》げなきの確証なり。……初《はじめ》には西郷に許すに忠義の名《めい》を以てし、後《のち》には之に附《ふ》するに賊名を以《もっ》てす。論者は果《はた》して何等の目安《めやす》に拠《より》て之を判断したるか。よく名と実とを分別《ふんべつ》し、前に云える事物の秩序を保護し人民の安全幸福を進《すすむ》るの事実を根拠と為《な》して之を判断したるか

現在の政府の高官も一〇年前には西郷氏とともに日本の政府である旧幕府を顛覆した人間であるから、国賊としての汚名は千年を経ても晴らすことができないともいえよう。しかし世論が彼らを賊ではなく義であるというのはなぜなのか。旧幕府には名はあったけれども、ものごとの秩序を保って人民の幸福を推進することはできないとみなされたがゆえであろう。有名無実の政府はこれを顛覆しても義であるという確かな理由がここにはある。……西郷氏は当初は忠義の名分をもって迎えられ、後には賊名を付して難じられた。論者ははたして何の基準に依拠してそう判断したのか。名と実とをよく分別し、先にも述べたように、ものごとの秩序を保ち人民の安全幸福を推進するという事実の根拠をもって人々は西郷氏のことを判断したといえようか。

ここでは「賊」と「義」がキーワードです。「有名無実」の政府の顛覆を図るのは、義であって賊ではない。義こそが西郷の本質に他ならない。こうして福澤は、西郷批判のすべては的はずれであり、これを論破していけば、むしろ西郷の正統性がますます明らかになるという反論を試

みているのです。

士魂の人よ

このような反論のベースにあるものは、西郷の「士魂」であり、西郷の影響を強く受けた士人の士風、士魂に対する深い愛惜の情であったにちがいありません。『丁丑公論』を読めばそのことが文章の端々にくどいほどに出ています。

西郷は少年の時より幾多の艱難《かんなん》を嘗《な》めたる者なり。学識に乏《とぼ》しと雖《いえ》ども老練の術あり、武人なりと雖《いえ》ども風彩《ふうさい》あり、訥朴《とつぼく》なりと雖ども粗野ならず、平生の言行温和なるのみならず、如何《いか》なる大事変に際するもその挙動綽々然《しゃくしゃくぜん》として余裕あるは、人の普《あまね》く知る所ならずや。……薩《さつ》の士人は古来質朴卒《率》直を旨《むね》とし、徳川の太平二百五十余年の久しきも遂《つい》に天下一般の弊風《へいふう》に流れず、その精神に一種貴重の元素《げんそ》を有する者と云うべし。……薩に居る者は依然たる薩人にして、西郷、桐野の地位に在《あ》るものにても衣食住居の素朴なること毫《ごう》も旧時に異ならず

西郷氏は少年の時代からいくたの非常な困難を経験してきた人物である。多くの試練に耐えながら身につけた政治術をもち、武人ではあるものの風采があり、訥朴であるものの粗野ではなく、平生の言行は温和であるばかりか、いかなる大事に臨んでもその挙動は余裕綽々《しゃくしゃく》たる

ものがあることは多くの人々に広く知られているところである。……薩摩の士族は昔から質朴《しっぼく》かつ率直であることを主意としており、徳川太平の二五〇年以上にわたり世間一般の悪い風俗や習慣に流されることなく、その精神においてある種の貴重な根源的要素をもっているというべきである。……薩摩に居住する人々はいまなお薩摩人であり、桐野利秋のような高い地位にある者でも衣食住が素朴であることはいまも昔と変わるところがない。

これほどの士風、士魂を豊かにもった英傑《えいけつ》を一体、なぜ政府は死地に追い込んでしまったのか、という福澤の深い嘆きです。西郷は、薩軍が強い力を擁しながらも、同じく征韓論に敗れて下野した佐賀藩の江藤新平の「佐賀の乱」に助力の手を差し伸べず、また廃刀令に反発して起こった「神風連の乱」にも、この乱に呼応して前原一誠などが起こした「萩の乱」などにも、与《くみ》することはまったくなかったのです。私学校の生徒の反政府的な行動にも簡単に応じようとしませんでした。

常《つね》に衆に諭《さと》して今は時節《じせつ》に非《あら》ず、爰《ここ》は場所に非ず、我将《ま》さに我将さにとて之《これ》を籠絡《ろうらく》したる由縁《ゆえん》にして、その兵士の処置に困却《こんきゃく》するの心は政府の顕官《けんかん》が之を憂《うれう》るの心に異ならず。この点に就《つい》て見れば西郷は少年の巨魁《きょかい》と為《な》りて得々《とくとく》たる者に非ず、その実は之《これ》に窘《くるし》められたる者と云《い》うべきなり西郷氏は人々にいまはその時期ではない、ここは戦いの場ではない、起つなら自分が起つ、起つのは自分だ、そう人々を説き、兵士の扱いに弱りはてていたのであり、政府高官の憂いと同様である。この点からいえば、西郷氏は少年たちの首領として得々としていた者ではまったくない。実際には、反乱の衆に苦しめられていた人間だというべきであろう。

それにしても現在の政府の統治のあり方はあまりにも酷《むご》いではないか。西郷の下野につづいて副島、後藤、板垣、江藤が去って以降の明治政府においては、大久保、岩倉を中心とする専制がひどい。専制の地方に届く勢いにはすさまじいものがあり、これに対する私学校生徒ならびに私学校に蝟集《いしゅう》する反政府勢力は、西郷の力をもってしてももはや押しとどめることは不可能なほどに膨れ上がっていたのです。西郷が好んで蜂起《ほうき》を促したものではまったくない。西郷の力をもってしても抑えられない鬱積《うっせき》がついに爆発して、熊本城への乱入となってしまったというのが真実だ、と福澤はいいます。

西郷ほどの人物が政府に不満をもっているのであれば、その不満のありかを、そして私学校の生徒はもとより薩摩人士がそこまで強い憤懣《ふんまん》を強めているのであれば、その理由について政府は西郷自身から聞き取り、そのうえで処すべきは処すという手順をどうして踏まえることができなかったのか。そういう趣旨のことを福澤は縷々《るる》述べ、『丁丑公論』の最後を、西郷に対しての愛慕の情を深くして次のように結んでいます。

仮令《たと》い生を得ざるはその覚悟にても、生前にその平日《へいじつ》の素志《そし》を述ぶべきの路《みち》あれば、必ずこの路を求めて尋常に縛《なわ》に就《つ》くこともあるべき筈《はず》なれども、江藤、前原の前轍《ぜんてつ》を見て死を決したるや必《ひっ》せり。然らば則《すなわ》ち政府は啻《ただ》に彼《か》れを死地に陥《おとしい》れたるためのみに非《あら》ず、又従《したご》う之を殺《さっ》したる者と云《い》うべし。西郷は天下の人物なり。日本狭《せま》しと雖《いえど》も、国法厳《げん》なりと雖も、豈《あに》一人を容《い》るゝに余地なからんや。日本は一日の日本に非ず、国法は万代の国法に非ず、他日《たじつ》この人物を用《もちい》るの時あるべきなり。是亦惜《これまたおし》むべし

西郷は生き永らえることなどできないと覚悟していたにちがいないが、生前に平素の志を語らせる方法があったのであれば、氏は必ずやその場に臨み、その後に縄についたはずだが、江藤新平、前原一誠の前例のことを考え、自ら死を決意したのであろう。ならば、政府はただ西郷氏を死地に追いやっただけではなく、氏を殺害した者だというべきであろう。西郷氏は天下の人物である。日本狭しとはいうものの、また国法は厳格なものだとはいえ、どうして一人を許容する余地もないなどといえようか。日本は短命の日本ではなく、国法は永遠に及ぶというものでもない。いずれの日にかこの人物を重用する時期が必ずやあったはずである。何と惜しむべきことを政府はやってしまったのか。

第3章 「大砲弾薬は無き道理を造るの器械なり」

――『文明論之概略』――

『文明論之概略』明治8年

「西力東漸《とうぜん》」の時代

群雄割拠の世界

一九世紀の後半期、アジアは欧米列強に蚕食《さんしょく》され、日本も強烈なナショナリズムを発揚しなければならない局面にいたります。福澤が渾身の力をもって描いた『文明論之概略』は、何よりも日本国の独立こそが日本人の最も重要なモラルであることを鮮やかに説き明かした著書です。

イギリスが東インド会社を通じてインド支配に本格的に乗り出したのは、すでに一八世紀のことです。イギリスはインドのみならずビルマ、マラヤ連邦、シンガポールを、さらにはフランスがベトナム、ラオス、カンボジアを、オランダがインドネシアを、スペインがフィリピンを、というふうに列強は東南アジアのほぼ全域を一九世紀の終わりまでに次々と植民地化していきました。

次いでイギリスは、インドと並ぶ巨大な植民地として、当時清国と呼ばれていた中国に照準《しょうじゅん》を定めます。イギリスは中国にアヘン戦争をもって臨み、これに勝利して清国との間で南京条約を結びました。天保一一〜一三（一八四〇〜四二）年、明治維新の二十数年前のことです。この条約により、清国はイギリスへの香港島の割譲《かつじょう》、九竜《きゅうりゅう》半島の九九年租借《そしゃく》、さらには広州、厦門《アモイ》、寧《ニン》波《ポー》、上海といった沿海部の主要都市の開港と不平等条約をのまされたのです。

アヘン戦争は、鎖国下の日本、江戸幕府や有力諸藩の指導者と知識人に強い衝撃を与えました。欧米諸国の軍事力を前に、日本が平穏のままに打ち過ごしていれば、やがて清国と同じように欧米諸国の餌食《えじき》にされてしまいかねない、という危機感でした。

差し迫った脅威がアメリカからやってきました。ペリーの黒船来航です。アヘン戦争から一三年後の、嘉永《かえい》六（一八五三）年六月のことでした。ペリーは、アメリカ大統領フィルモアの、日本の開国と通商を求める国書を携《たずさ》えてやってきたアメリカ東インド艦隊の司令官です。彼は大砲を装着した四隻の艦隊を引き連れ、浦賀に姿を現しました。

翌年、ペリーは七隻の艦隊を率《ひき》いて、さらに強い圧力を日本にかけました。江戸幕府はいかんともし難く、ついに「日米和親条約」を締結させられるはめとなりました。この条約により、静岡県の下田にアメリカの領事館が設置され、そこでの交渉により安政五（一八五八）年には、「日米修好通商条約」が結ばれるのですが、これは日本にとってまことに不利な不平等条約でした。

アメリカからの輸入品に課す関税の率を決定する権利、つまり「関税自主権」が日本には与えられなかったのです。開港し通商を開始すれば、日本と往来し、日本に居住するアメリカ人は当然増えてきますが、彼らが日本国内で罪を犯しても、日本の法律は適用されず、アメリカ領事がアメリカの法律に則《のっと》って裁判をするというのです。つまり、「領事裁判権」をも日本は余儀なく認めさせられたのです。

これをみていたオランダ、ロシア、イギリス、フランスが同様の不平等条約を次々と日本に要求し、日本はこれをのまざるをえませんでした（安政五カ国条約）。一言でいえば、欧米諸国にとって、日本は対等の資格をもった「文明国」とはみなされていなかったのです。往時の日本の指導者にとっては、まことに屈辱的なことであったにちがいありません。

日本が不平等条約を押しつけられた当時は、帝国主義の時代と呼ばれています。この時代にあっては、世界は大きく「文明国」と「未開国」の二つにわけられる、というのが欧米人の考え方でした。輝く光をもつ文明国と、その光がまだ届かず未開のままにおかれている国々という二分法です。文明国のみが理性的で道徳的な存在であり、彼らだけが対等な国際関係をもつ国々です。万国公法が適用されるのは、文明国相互だけだと考えられていたのです。

未開国は非理性的かつ非道徳な存在でしかありませんでした。したがって、文明国は未開国を征服して、彼らを「教化《きょうか》」する必要があるというわけです。文明国たる欧米諸国が未開国に武力をもって迫り、それを開国させることにまったく躊躇《ちゅうちょ》がなかったのは、彼らがそういうイデオロギーをもっていたからです。アジア諸国のほとんどが未開国であり、日本や清国がわずかに「半開国」だと認識されていた程度です。ひどい考え方だといってしまえばそれまでですが、善悪の問題ではありません。当時の「万国公法」、つまり国際法がそのような考え方にもとづいてつくられていた、という事実を述べたまでです。欧米諸国が日本に不平等条約を迫ったのは、要するに日本が彼らと対等な文明国だとはみなされていなかったからなのです。

ここにおいて日本の指導者は、欧米の軍事力の圧倒的な力量を認めざるをえませんでした。自分たちが欧米文明国と対等な勢力になるには、欧米の文明国を文明国たらしめているその「文明」そのものを、自分たちも手に入れなければどうにもならない。そういうふうに考え、「文明開化」の必要性を日本は悟《さと》らされたのです。

文明の暴力性

『通俗国権論』

それでは福澤の明治一一（一八七八）年の著作『通俗国権論』に入りましょう。福澤はここでヨーロッパ文明の両面性、すなわち「文明性」と「暴力性」を深く認識するにいたります。ヨーロッパの「文明性」に大いに学ぶべきだと説いた著作が『文明論之概略』ですが、これについては後に論じます。対照的に『通俗国権論』は、文明の暴力性に深い関心を寄せた論説です。こういっています。

今の禽獣《きんじゅう》世界に処《しょ》して最後に訴《うった》うべき道は必死の獣力《じゅうりょく》に在《あ》るのみ

激しい言葉づかいですね。禽獣とは鳥や獣《けだもの》のことです。つまり禽獣世界とは、食うか食われるかの荒々《あらあら》しい世界のことです。この世界に身をおき、生きていくために最後に頼るべきは、死を覚悟して戦う獣のような力だけだ、というのです。

和親条約と云《い》い万国公法と云い、甚《はなは》だ美なるが如《ごと》くなれども、唯《ただ》外面の儀式名目のみにして、交際の実《じつ》は権威を争い利益を貪《むさぼ》るに過ぎず。世界古今《こきん》の事実を見よ。貧弱無智の小国がよく条約と公法とに依頼して独立の体面《たいめん》を全《まっと》うしたるの例なきは、皆《みな》人の知る所ならずや。啻《ただ》に小国のみならず、大国と大国との間柄《あいだがら》に於《おい》ても、正《まさ》しく相《あい》対立して互《たがい》にその釁《すき》を窺《うかが》い、寸隙《すんげき》の乗《じょう》ずべきあれば之《これ》を看過《かんか》するものなし。之を窺《うかが》い之を探《さぐ》り、その未《いま》だ発《はっ》せざるは唯《ただ》兵力強弱の一点に在《あ》るのみにして、他に依頼すべき方便《ほうべん》あることなし

和親条約といい、万国公法という。いかにもうるわしい表現であるが、これはただの外面的な儀式名目であって、外交というものの現実は、権威を争い利益をむさぼるだけのものである。世界古来の事実を眺めてみよ。貧弱で無知な小国が、条約と公法のみによって独立の誇りや面

目を保つことができた例などまったくないではないか。多くの人々の知るところであろう。小国というにとどまらず、大国間の関係においても明らかに相対立して互に隙をうかがい、わずかな隙でもみせれば、これを見逃さずに突いてくる。隙をうかがい探り、なお隙を突いてくるかこないかは、すべて兵力の強弱いかんの一点にかかっている。兵力以外に頼るべき手段はない。

外交と国民の気力

一国が体面を保つためには兵力の強化以外に方途《ほうと》はない。そういう次第のことを述べています。そして、福澤はあけすけにも次のように喝破《かっぱ》しています。

百巻の万国公法は数門の大砲に若《し》かず、幾冊の和親条約は一筐《いっきょう》の弾薬に若《し》かず。大砲弾薬は以《もっ》て有《あ》る道理を主張するの備《そなえ》に非《あら》ずして無き道理を造《つく》るの器械《きかい》なり

万国公法百巻をもってしても大砲数門にかなわず、和親条約をいくら結んでも一箱の弾薬ほどの力さえない。軍事力というものは道理を主張するための備えというよりは、逆に存在しない道理を、あえて造り出すための力だというのです。

そうはいっても人間は戦いを好む者ではないし、できれば平和に打ち過ごしたいと考えており、

不満足ではあってもいろいろな事情を顧慮《こりょ》して紛争にまで発展しないよう努める、そういう存在でもあるといってさらにこう語ります。現代にもあまねく通用する原理を福澤ははやくも明治一一（一八七八）年に述べているのです。

> 国に外務省あるも専《もっぱ》らこの平和を維持せんとするの方便《ほうべん》にして、外務の人は常に条約の明文に依《より》て懇親《こんしん》の意を表し、百方《ひゃっぽう》に周旋《しゅうせん》して心配することなれども、その周旋心配の際にも、後《うし》ろ楯《だて》として人民の気力に依頼すべきものあらざれば、断じて事を行うべからず。外務の困難は唯《ただ》この一点に在《あ》るのみ。故に人民最後の覚悟は必戦《ひっせん》と定め、引《ひき》て放たず満を持するの勢《いきおい》を張り、外務の官人《かんにん》これを潤飾《じゅんしょく》して始《はじ》めて交際の権《けん》を全《まっと》うすべきなり。苟《いやしく》も独立の一国として、徹頭徹尾、外国と兵を交《まじ》ゆべからざるものとせば、猶《なお》一個人が畳の上の病死を覚悟したるが如《ごと》く、即日《そくじつ》より独立の名《めい》は下《く》だすべからざるなり

どの国にも外務省というものがあるが、これは平和を維持しようという手段である。外務の衝《しょう》に当たる官僚は、つねに条約に規定されている条文に依拠して相手に懇親の意のあるところを示し、すべてを取りもつことに気を配るものであるが、周旋心配に際しては、その後ろ楯として国民の気概というものがあって、これに依拠できなければ外交を展開することはできないであろう。弓をいっぱいに引き絞り放つをまつの勢いが後ろ盾となって、外務官僚はその勢いを美辞麗句をもって飾りつけて主張し、そうして初めて外交の権限をまっとうできる。かりそ

めにも、外国と兵力を用いて戦うことは絶対にだめだというのであれば、やはり一人の人間が畳の上での病死を覚悟したのと同じであり、独立の名目は即刻取り下げるべきであろう。

明治一〇（一八七七）年といえば露土《ろと》戦争（ロシアとトルコの戦争）の起こった年です。『丁丑公論』が書かれた年でもあります。『通俗国権論』は、その翌年の明治一一（一八七八）年に出版されています。文中でもこの戦争のことが、普仏《ふふつ》戦争と並んで記されています。さきほどの引用文の最後のところ、「大砲弾薬は以《もっ》て有《あ》る道理を主張するの備《そなえ》に非《あら》ずして無き道理を造《つく》るの器械《きかい》なり」のすぐ後に出てくる文章です。

去年以来、魯西亜《ロシア》と土耳古《トルコ》との戦争は理非曲直《りひきょくちょく》に基《もとづ》きしものか。前年、仏蘭西《フランス》と日耳曼《ゲルマン》との勝敗は仏の師《いくさ》に名義なきが為《ため》なるか、三歳の童子もその然《しか》らざるを知るべし。……各国交際の道二つ、滅ぼすと滅ぼさるゝのみと云《いい》て可《か》なり

昨年以来のロシアとトルコとの戦争は、道理にかなっているものか否か、その前年のフランスとゲルマンとの戦争は、フランス側に義のない戦いだったのかどうか、そんなはずはないことは、三歳の子供にも理解できる。……外交の道はただ二つ、滅ぼすか滅ぼされるか以外にはない。

露土戦争とは、バルカン半島への南下を求めるロシアのアレクサンドル二世がギリシア正教徒の保護を口実にオスマントルコ帝国に挑み、これに勝利した戦争です。普仏戦争とは、プロイセンとフランスとの戦争のことです。前者が勝利してドイツ帝国が成立、敗北したフランスでは、第二帝制の崩壊、パリコンミューンの樹立、鎮圧を経て第三共和国が成立します。

この二つの戦争など道義的にどちらが正しくどちらが間違っているかなど問う必要のない、義なき戦いだというのです。「理非」とは道理にかなっているか否か、「曲直」とは曲がっているかまっすぐであるかということです。要するに、戦争は理非曲直には関係ない。強いものが勝利し弱いものが敗北するというだけのことだ。そういうきわめて醒《さ》めた福澤の考えが、ここには実に露骨な形で表出されています。

「春秋に義戦なし」という表現を皆さんもどこかで聞いたことがあろうかと思います。「春秋」とは紀元前三〇〇年頃の中国の戦国時代のことですが、この時代を振り返っての孟子《もうし》のもののいいが「春秋に義戦なし」です。福澤も同じことをいっているのです。

議論の本位を定《さだむ》る事

さて、福澤の問題意識の最も鮮明な時期、知力旺盛な時期に、その知力の限りを尽くして書きあげた大作が『文明論之概略』です。この概略が出版されたのが『丁丑公論』脱稿の前々年の明治八（一八七五）年です。多くの読者は福澤の『文明論之概略』とは、日本の文明化をいかにして進めるかを説き、日本の文明開化の必要性を正々堂々と論じた傑作だという、広く流布《るふ》されているイメージをおもちだろうと思います。しかし、そのイメージが正しいのかどうかについては、福澤の書いた文章そのものに当たりながら検討してみる必要があります。福澤が語っていることに素直に耳を傾けてみましょう。

全一〇章から成るこの著書は、第一章「議論の本位を定る事」に始まります。ここで「本位」というのは、判断や行動の基準となるものという意味です。およそ事を論じ始めれば、その利害得失について切りのない議論がつづくであろうが、それでは駄目だ、まず「議論の本位」が何かを決定しなければ、すべての論議は何のためにやっているのかわからなくなってしまうではないか、という趣旨のことを次のような比喩で福澤は語って本書が始まります。

> 議論の本位《ほんい》を定《さだ》めざればその利害得失を談《だん》ずべからず。城郭《じょうかく》は守る者のために利《り》なれども攻る者のためには害《がい》なり。敵の得《とく》は味方の失《しつ》なり。往者《おうしゃ》の便利は来者《らいしゃ》の不便なり。故に是等《これら》の利害得失を談ずるには、先《ま》ずそのためにする所を定め、守る者のためか、攻る者のためか、敵のためか、味方のためか、何《いず》れにてもその主とする所の本を定めざるべからず

議論の本位を定めなければものごとの利害得失を語ることなどできない。城郭はこれを守る者のためには有利だが、攻める者には不利である。敵の得は味方にとっては失である。ゆく者のための便利は去る者にとっては不便である。それゆえ、これらの利害得失を述べるには、ま

ず何のためにこれを論じているのかを定めなければならない。つまり守る者のためか攻める者のためか、敵のためか味方のためなのか、いずれにしてもその主たる目的を定めてから議論を始めなければならない。

「往者の便利は来者の不便なり」というのが実は私にもわからないのですが、例えば、河川は船に乗って下る者には便利だが、流れに逆って上る者には不便だ、といったふうに読んでおいたらどうでしょうか。要するに右の一文は、まず自分がどういう立場に立って何を求めているのかを明確にしなければ自分の利害得失などわかるはずがないではないか、といっているのですね。自分の立場が決まれば、利害得失は論じやすくなる。さらに、ものにはすべての次には軽重《けいちょう》是《ぜ》非《ひ》があるからそれについても判断が必要だ、ということになります。福澤によればこうです。

利害得失を論ずるは易《やす》しと雖《いえ》ども、軽重是非《けいちょうぜひ》を明《あきらか》にするは甚《はなは》だ難《かた》し。一身の利害を以《もっ》て天下の事を是非すべからず、一年の便不便《べんふべん》を論じて百歳の謀《はかりごと》を誤るべからず。多く古今《こきん》の論説を聞き、博《ひろ》く世界の事情を知り、虚心平気《きょしんへいき》以《もっ》て至善《しぜん》の止《とど》まる所を明にし、千百の妨碍《ぼうがい》を犯《おか》して世論に束縛《そくばく》せらるゝことなく、高尚《こうしょう》の地位を占《し》めて前代を顧み、活眼《かつがん》を開《ひら》て後世《こうせい》を先見《せんけん》せざるべからず

利害得失を論ずるのは簡単だが、軽重是非を明らかにすることは実は大変に難しい。自分の

利害によって天下の是非を論じてはならず、一年の便不便で百年の計略を語ってはならない。古くからの多くの論説を読み、広く世界の事情を知り、心にわだかまりをもたず、心を動揺させずに、最高の善がどこにあるのかを明示し、きわめて多くの妨害を排して世論の束縛を受けることなく、高尚の地点に立って前代を回顧し、眼識を開いて将来のことを予想しなければならない。

文明への熱き想い

それゆえに自分（福澤）は『文明論之概略』を出版して人々の参考に供したいというのです。福澤にとっては「議論の本位」がすなわち「文明」であり、それ以外にはないと繰り返し説いています。右の文章のすぐ後にこうあります。

今の時に当《あたり》て、前に進《すす》まんか、後に退《しりぞ》かんか、進《すすみ》て文明を逐《お》わんか、退きて野蛮に返らんか、唯《ただ》進退《しんたい》の二字あるのみ。世人《せじん》若《も》し進まんと欲するの意あらば余輩《よはい》の議論も亦《また》見るべきものあらん

現代のこの時点に立って、前に進まんか、後ろに退かんか、進んで文明を追わんか、退いて野蛮に下らんか、選択肢は進退の二文字以外にはない。世の人々よ、もし進もうという意欲があるのであれば、私の議論にも考察に値するものがあろう。

私の好きなフレーズで、かつて自分の主著の裏扉に引用したこともある文章が次のものです。

文明の物たるや至大至重《しだいしちょう》、人間万事皆この文明を目的とせざるものなし。制度と云《い》い文学と云い、商売と云い工業と云い、戦争と云い政法《せいほう》と云うも、これを概《がい》して互《たがい》に相《あい》比較するには何を目的としてその利害得失《りがいとくしつ》を論ずるや。唯《ただ》そのよく文明を進《すすむ》るものを以《もっ》て利《り》と為《な》し得《とく》と為し、そのこれを却歩《きゃくほ》せしむるものを以《もっ》て害《がい》と為し失《しつ》と為すのみ。文明は恰《あたか》も一大劇場の如《ごと》く、制度文学商売以下のものは役者の如し

文明という概念は、途方もないほどに大きく重要なものであり、人間であれば誰しも文明を目的としないことはあえない。制度、文学、商業、工業、戦争、政治、法律などにおいて、その利害得失を比較し、論じるためには何を目的とするかといえば、文明の進歩に資するものが利であり得であり、これを退歩させるものが害であり失であるといわねばならない。商工業等はすべて文明という一大劇場の舞台のうえで演技をする役者のようなものである。

しかし、文明というものは一挙に実現できるものではない。世界の現状をみるに、「文明国」といえるのはヨーロッパの国々とアメリカだけであって、トルコ、支那、アジアの国々は「半開国」であり、アフリカやオーストラリアなどは「野蛮国」だといっています。つまり文明は、野

蛮から半開、さらに文明へと段を踏んで進歩しながら実現されるものだと福澤はみているのです。これはいわば「文明の齢《よわい》」というべきものだと、福澤は別のところでいっています。それでは、文明国とはどういう状態の国かと問うて次のように述べます。

天地間の事物を規則の内に籠絡《ろうらく》すれども、その内に在《あり》て自《みず》から活動を逞《たくまし》うし、人の気風快《かい》発《はつ》にして旧慣《きゅうかん》に惑溺《わくでき》せず、身《み》躬《みず》からその身を支配して他の恩威《おんい》に依頼せず、躬から徳を修め躬から智を研《みが》き、古《いにしえ》を慕《した》わず今を足《た》れりとせず、小安《しょうあん》に安《やす》んぜずして未来の大成《たいせい》を謀《はか》り、進《すすみ》て退《しりぞ》かず達して止《とど》まらず、学問の道は虚《きょ》ならずして発明の基《もとい》を開き、工商の業は日に盛《さかん》にして幸福の源《みなもと》を深くし、人智は既《すで》に今日に用いてその幾分を余し、以《もっ》て後日の謀《はかりごと》を為《な》すもの、如《ごと》し。これを今の文明と云《い》う。野蛮半開《はんかい》の有様を去ること遠しと云うべし

天地のことを法則にしたがって巧みに繰り、法則に則って自在に活動し、人間の気風は活発、かつ因習に溺れることなく、みずからの身はみずから支配して他人の恩恵や威光によらず、みずから徳を修め知を磨く。古きを慕わず、今に満足せず、小さなことに安んぜず将来の大成を求め、とどまることなく前方に向かって進んでいく。学問の道は上辺《うわべ》だけのものではなく、発明の真理発見の基礎を養い、工商業をますます促進して国民の幸福の源泉を深める。人間の知識は現代においてこれを大いに利用するものの、その幾分かは後世の人々に残し、将来の一層の向上を企図する。これこそが文明国であって、野蛮国、半開国とははるかに隔たるものであ

る。

文明は独立の手段である

ところが、本書の結論部分である第一〇章「自国の独立を論ず」になりますと、右に述べた文明への憧憬《どうけい》は変わらずに胸中に秘《ひ》しながらも、日本の独立をいかに実現するのかという観点に重心を移行します。最終的には文明とはそれ自体に追求の価値があるのではなく、目的は一国の独立であり、文明はそのための手段である、という具合に議論の彩《いろどり》が相当に変化していきます。独立こそ「最後最上の大目的」だとして、本書全体が終息します。第一〇章の展開を少し詳しくみていきましょう。第一〇章の初めにこうあります。

抑《そもそ》も文明の物《ぶつ》たるや極《きわめ》て広大にして、凡《およ》そ人類の精神の達する所は悉皆《しっかい》その区域にあらざるはなし。外国に対して自国の独立を謀《はか》るが如《ごと》きは、固《もと》より文明論の中に於《おい》て瑣々《ささ》たる一箇条に過ぎざれども、……文明の進歩には段々の度《ど》あるものなれば、その進歩の度に従《したがっ》て相当の処置《しょち》なかるべからず。今我《わが》人民の心に自国の独立如何《いかん》を感じて之《これ》を憂《うれう》るは、即《すなわ》ち我国の文明の度は今正《まさ》に自国の独立に就《つい》て心配するの地位に居り、その精神の達する所、恰《あたか》もこの一局に限りて、未《いま》だ他を顧《かえりみ》るに遑《いとま》あらざるの証拠なり

そもそも文明という概念の範囲はきわめて広く、人間精神の及ぶところすべてこの中に含ま

れないものはない。外国に対して自国の独立を求めこれを実現しようと図ることなど、文明論においては取るに足りないことのように思われるかもしれない。……しかし、文明の発展には諸々の段階があり、それぞれの段階においてはそれぞれに応じた政策を講じなければならない。現在、わが日本の国民が自国の真の独立の達成のいかんに心を配っているのは、とりもなおさず、日本の文明がまさに自国の独立について心配せざるをえない段階にあるからである。このことは、日本国民の関心の及ぶところがこの一点にとどまり、他のことなど考えるいとまがないことの証拠である。

そのうえで、自分（福澤）がこの『文明論之概略』の最終章を日本の独立という一点に絞ったのはなぜか、といってこう述べます。

余輩《よはい》がこの文明論の末章に於《おい》て自国独立の一箇条を掲《かかぐ》るも、蓋《けだ》し人民一般の方向に従《したが》い、その精神の正《まさ》に達する所に就《つい》て議論を立《たて》たるものなり。

私が本書の最終章において自国の独立という一事について論じるのは、つまりは一般の日本人が憂いている方向を見据えて、日本人の精神が及ばんとするところについて議論したいからである。

日本の文明化は必要なことだが、日本の発展段階からすれば、文明それ自体が目的だというのではなく、日本の独立を達成するための手段がすなわち文明化だ、というふうに議論の風合いといいますか、スペクトラムが確かに変化しているのです。これ以降の福澤の思想がすでに『通俗国権論』においてみましたように、またすぐ後で論じる『時事小言』にみられますように、日本の独立をいかに達成するか、そのための精神のよりどころは何か、という方向に重点を移していくのですが、『文明論之概略』の第一〇章は、そのいわばターニングポイントなのだ、と私はみています。

独立を語らぬ文明論など無用である

新しい病としての「外交」

幕末維新期は、列強がその国力膨張を外国に向けて繰り返した帝国主義の時代でした。日本はこの時代の渦中にあって半開国として文明国に対峙《たいじ》せざるをえない、そういう「外国交際」（外交）を余儀なくされたのです。本位は文明にあるけれども、日本の発展段階からすれば、まずは独立が語られねばならない、というのが福澤の論理でした。福澤はこうもいっています。

都《すべ》て事物《じぶつ》を論ずるには、先《ま》ずその事物の名《めい》と性質とを詳《つまびらか》にして、然《しか》る後に之を処分《しょぶん》するの術《じゅつ》を得べし。譬《たと》えば火事を防ぐには、先《ま》ず火の性質を知り、水を以《もっ》て之《これ》を消すべきを詳にして、然《しか》る後に消防の術を得べきが如《ごと》し。今我《わが》国の事態困難なりと云《い》うと雖《いえ》ども、その困難とは抑《そもそ》も亦《また》何等の箇条《かじょう》を指《さ》して云うや

およそものごとを論ずる場合、まずはその論題と性質について詳細に明らかにしなければならず、そうして初めてこれに対処する方法もわかろうというものだ。例えば、火事を防ぐには、まず火の性質を知り、火は水によって消されることをよく知り、その後に消防の術を習得するというようなものである。現在のわが国が直面している事態は困難なものだというが、いった い数ある問題の中で何をさして困難だというのか。

それは「外国交際」なのだといい、外交の困難性はこれを克服するのは容易ではない、として さらに次のように語ります。

按《あん》ずるにこの困難事は我《わが》祖先より伝来のものに非《あら》ず、必ず近来俄《にわか》に生じたる病《やまい》にて、既《すで》に我国命貴要《こくめいきよう》の部を犯《おか》し、之《これ》を除かんとして除くべからず、之を療《りょう》せんとして医薬に乏《とぼ》しく、

> 到底《とうてい》我国従来の生力《せいりょく》を以《もっ》て抗抵《こうてい》するべからざるものならん。如何《いかん》となれば、依然たる日本国にして旧《きゅう》に異なることなくば之に安心すべき筈《はず》なれども、特に之を憂《うれう》るは必ず別に新《あらた》に憂うべき病を生じたるの証《あかし》なり。世の識者の憂患《ゆうかん》する所も必ずこの病に在《あ》ること断じて知るべしと雖《いえ》ども、識者はこの病を指して何と名《なづく》るや。余輩《よはい》は之を外国交際と名《なの》るなり

考えてみるに、日本の困難は祖先から伝来してきたものではなく、まちがいなく近年にわかに生じた病である。この病はすでにわが国の国家政治の枢要《すうよう》部を侵しており、これを取り除こうとしても取り除くことができず、これを治療しようにも医薬はほとんどなく、日本伝統の生命力によって抗することもできない。なぜならば、日本国は依然として旧来の日本国と異なるわけではないのだから、別段これを心配するほどのことはない。しかし特別に憂うべき問題が生じたのであれば、それは必ずや新しく別の憂うべき病が発症したことの証拠に他ならない。世の識者が憂いているのも、この新しい病のことだと断じていいのだが、読者はこの病をいったい何の病だというのであろうか。私は、この病は外交だと考える。

実際、個人間の権義は平等たるべし、という考え方は維新期において確立したけれども、国家間の権義も平等であるべしという考えの方はどうなっているのか、と福澤は問いかけます。ここでは『学問のすゝめ』の記述ほど楽観的ではありません。

近来我国人《わがくにびと》も大《おおい》に面目《めんぼく》を改め、人民同権の説は殆《ほとん》ど天下に治《あま》ねくして之《これ》に異論を入る、者はなきが如《ごと》し。蓋《けだ》し人民同権とは唯《ただ》一国内の人々互《たがい》に権《けん》を同《おなじ》うすると云《い》う義《ぎ》のみに非《あら》ず。此《し》国《こく》の人と彼国《ひこく》の人と相対《あいたい》しても之を同うし、此国と彼国と対しても之を同うし、その有様《ありさま》の貧富強弱に拘《かか》わらず、権義《けんぎ》は正《まさ》しく同一なるべしとの趣意《しゅい》なり。然《しか》るに外国人の我国に来て通商を始めしより以来、その条約書の面には彼我《ひが》同等の明文あるも、交際の実地に就《つい》て之を見れば決して然《しか》らず

最近では日本人も体面を改めて、人民同権の考え方が世間に大いに広まり、人々はこれに異論はないようである。実は人民同権というのは、一国内の人々の権利が同等だという意味だけではない。自国と他国の人々の権利を比較してもこれは同等であり、自国と他国との国同士の関係もまた同等である。貧富強弱にかかわらず権利は同じものでなければならない、というのが趣旨である。しかし、外国人が日本にきて通商を開始して以来、条約書には両国同権と明文化されているものの、外交の実際はそうなってはいないではないか。

福澤の念頭にあったのは、すでに指摘した不平等条約、つまりは関税自主権を許されず、領事裁判権も日本にはなく、当の外国にあるという事実です。こんなことで独立国家といえるのか、というのが福澤の憤懣《ふんまん》です。人々は国内において権利不平等があれば、何とかこれを是正しようと努めるが、他方、外国との不平等についてはその是正の必要性をあまり認識してはいない、こ

れはいったいどうしたことか、と福澤は怒ります。

今利害を別にし、人情を異にし、言語風俗、面色骨格《めんしょく》に至るまでも相同《あいおな》じからざる、この万里《ばんり》外《がい》の外国人に対して、権力の不平均を患《うれ》えざるは抑《そもそ》も亦《また》何の由縁《ゆえん》なるや。突々怪事《とつとつかいじ》と云《い》うべし

利害を異にし、言語、風俗、顔色、体格のすべてにおいてまるで異なる外国人との権利不平等を憂えることがないのは、そもそもまたどうしてなのか、つくづくけしからぬことである。

こんなことでは日本の独立は危ういではないか。アメリカのインディアンやアジアの国々の独立はどうなっているのか、支那はいかなる状態におとしめられているかをよく考えよ、といって次の文章へとつづきます。

欧人の触るゝ所は恰《あたか》も土地の生力を絶つがごとし

苟《いやしく》も国を憂《うれう》るの赤心《せきしん》あらん者は、聞見《ぶんけん》を博《ひろ》くして世界古今《こきん》の事跡《じせき》を察《さっ》せざるべからず。今の亜米利加《あめりか》は元《も》と誰《た》の国なるや。その国の主人たる「インヂヤン」は、白人のために逐《お》われて、主客処《しゅかくところ》を異《こと》にしたるに非《あら》ずや。故《ゆえ》に今の亜米利加の文明は白人の文明なり、亜米利加の文明と云《い》うべからず。この他東洋の国々及び大洋洲諸島の有様は如何《いか》ん、欧人の触《ふ》るゝ処《ところ》にてよ

くその本国の権義と利益とを全《まっと》うして真の独立を保つものありや。「ペルシヤ」は如何《いか》ん、印度《インド》は如何ん、暹邏《シャム》は如何ん、呂宋呱哇《ルソンジャワ》は如何ん

いやしくも国のことを憂うる真心があるのであれば、視野を広くして世界古今の歴史の事実を考察すべきである。現在のアメリカは元来は誰の国だったか、その国の主人たるインディアンは、白人により追われ主客転じてしまったのではないのか。現存のアメリカの文明は白人の文明であって、アメリカ本来の文明だというわけではない。その他東洋の国々および太平洋諸国の実際はどうか。ヨーロッパ人が手を出したところで、国の権利と利益をまっとうして真の独立を保っている国があるか。ペルシャはどうか、インド、シャムは、はたまたルソン、ジャワはどうであろうか。

その後で福澤は支那について、こう言及しています。

支那の如《ごと》きは国土も洪大《こうだい》なれば、未《いま》だその内地に入込《いりこ》むを得《え》ずして、欧人の跡《あと》は唯《ただ》海岸にのみありと雖《いえ》ども、今後の成行《なりゆき》を推察すれば、支那帝国も正《まさ》に欧人の田園たるに過ぎず

支那のごとき国は国土が広大であるために、ヨーロッパ人の足跡はいまのところ内陸にまで入り込んではおらず、沿海地域のみにとどまっているものの、今後のなりゆきを想像すれば、支那帝国でさえ、ヨーロッパ人の田園となってしまうであろう。

日本が支那のような状態になっては絶対にならない、いまこそ欧米列強からの独立の気概を示すべき時ではないかと語気を強めて、さらにこういいます。

欧人《おうじん》の触《ふ》る、所は恰《あたか》も土地の生力《せいりょく》を絶《た》ち、草も木もその成長を遂《と》ること能《あた》わず。甚《はなは》しきはその人種を殲《つく》すに至《いた》るものあり。是等《これら》の事跡を明《あきらか》にして、我《わが》日本も東洋の一国たるを知らば、仮令《たと》い今日に至るまで外国交際に付き甚《はなはだ》しき害を蒙《こうむり》たることなきも、後日の禍《わざわい》は恐れざるべからず

ヨーロッパ人の触れた土地はすべて生命力を奪われ、草木も成長できなくなっている。はなはだしきは人種さえ根絶された国さえあるという過去の事実をよく認識しておかなくてはならない。日本もアジアの一国であるからには、たとえ現在にいたるまではなはだしい不利益をこうむったことはないにしても、いずれの日にか禍いとなる恐れがないとはいえない。

万国公法は「天地の公道」にあらず

日本がアジアの国々のような状態に陥らないために、他に恃《たの》むべきものはない。欧米列強は国際法を「天地の公道」であるかのようにいって日本に迫ってくるであろうが、一国に政府がある以上、それらはすべてエゴイスティックな国益追求に他ならない。「天地の公道」に欺かれては

ならない、といった気分をこめて福澤はこういいます。

天地の公道は固《もと》より慕《した》うべきものなり、西洋各国よくこの公道に従《したがっ》て我《われ》に接《せっ》せんか、我亦《また》甘んじて之《これ》に応ずべし、決して之を辞《じ》するに非《あら》ず。若《も》し夫《そ》れ果《はた》して然《しか》らば、先《ま》ず世界中の政府を廃《はい》すること我《わが》旧藩を廃したるが如《ごと》くせざるべからず。学者こゝに見込《みこみ》あるや。若しその見込なくば、世界中に国を立てゝ政府のあらん限りは、その国民の私情を除くの術あるべからず。その私情を除くべきの術あらざれば、我も亦《また》これに接するに私情を以《もっ》てせざるべからず。即《すなわち》是《こ》れ偏頗《へんぱ》心と報国心と異名同実《いめいどうじつ》なる所以《ゆえん》なり

天地の公道はもとより慕うべきものであり、西洋諸国もまたこれにしたがってわが国と交際しようというのであれば、わが国もまた甘んじてこれに応じるべきであり、決して辞してはならない。しかし、もしそうするのが当然であるならば、列強はまず世界中の政府を廃止し、わが日本が旧藩を廃したのと同様に、世界を一つの国としなければならない。世の識者はそのような可能性があると考えているのか。もし可能性がないと考えるのであれば、世界中に国があってそれに政府というものが存在する以上、その国民から私情を取り除くすべがあろうはずがない。私情を取り除くことができないのであれば、わが国も列強と交際するに際しては、私情をもって対応せざるをえない。その私情とは偏頗《へんぱ》心と報国心のことであり、文字は異なるものの、その意味するところは同一である。

「天地の公道」を主張するのであれば、わが国がかって藩を廃したのと同じように世界中の国々が政府を廃止したうえで公道を主張すべきである。世界中に国家があり政府が存在する以上、その国民から国を思う「私情」を取り除くことなどできない。日本もまたこれに対応するには私情をもってせざるをえない。そういう意味からすれば「偏頗心」と「報国心」とは名は異にするものの同一のものだ、というのです。

偏頗心と報国心

「偏頗心」と「報国心」は、福澤の文明論のキーワードです。第一〇章の別のところではこうもいっております。

自国の権義《けんぎ》を伸ばし、自国の民を富まし、自国の智徳を脩《おさ》め、自国の名誉を耀《かがや》かさんとして勉強する者を、報国《ほうこく》の民《たみ》と称し、その心を名《なづ》けて報国心と云う。その眼目《がんもく》は他国に対して自他の差別を作り、仮令《たと》い他を害するの意《い》なきも、自《みず》から厚くして他を薄くし、自国は自国にて自《みず》から独立せんとすることなり。故に報国心は一人《いちにん》の身に私するには非《あら》ざれども、一国に私《し》するの心なり。即《すなわ》ちこの地球を幾個に区分してその区内に党与《とうよ》を結び、その党与の便利を謀《はかり》て自《みず》から私する偏頗《へんぱ》の心なり自国の権利を伸長し、自国の民を富まし、自国の知徳を修育し、自国の名誉を高めんと努める者を報国の民といい、その心情は報国心というべきである。報国心の眼目は他国に対して自他の差別をはっきりとさせ、たとえ他国の利益を損う意図はないにしても、自国を重んじ他国を軽んじ、自国は自国としてみずから独り立つということである。それゆえ報国心とは、国民ひとりひとりの一身を利するものではないものの、国家の私利を図ろうという心情である。すなわち報国心とは、この地球上をいくつかに区分し、区内に党派を結成し、党派の利益を図って私利を追求するという偏頗の心のことに他ならない。

「権義」とは先にもいいましたように、現在でいう「権利」ですが、一言付け加えておけば、私は権利より権義の方が英語の right の訳としては優れていると思います。「権」とは他に対して物事を主張したり要求したりする資格といった意味ですが、そうだとしますと、権利は「利」を主張、要求するという語感になります。権義といえば、「道義」「徳義」あるいは「道理」「条理」などを主張し要求するという語感になって、より格調の高い観念を意味すると思うからですが、まあこれは閑話休題。

『文明論之概略』の結論は何か

文明は極致である

さて問題の中心は外交です。これについて福澤は次のようにいっています。

一片《いっぺん》の本心に於て私有をも生命をも抛《なげう》つべき場所とは、正《まさ》に外国交際のこの場所なり。然《しから》ば即《すなわ》ち今の日本人にして安《いずくん》ぞ気楽に日を消《け》すべけんや、安ぞ無為《むい》に休息すべけんや。開闢《かいびゃく》以来君臣《くんしん》の義、先祖の由緒《ゆいしょ》、上下の名分、本末の差別と云《い》いしもの、今日に至《いたり》ては本国の義と為《な》り、本国の由緒《ゆいしょ》と為り、内外の名分と為り、内外の差別と為りて、幾倍の重大を増したるに非《あら》ずや

現在の日本人が、真剣な心をもって財産と生命をも投げ打つべき場所とは、外交の場に他ならない。ならば目下の日本は、およそ気楽に日を送っていられる時期ではない。どうして無為に休息などしていられようか。開闢以来、日本においては君臣の義、先祖の由緒、上下の名分、

本家末家の区別などが重要であったが、現在においては日本国の義、日本国の由緒、内外の名分、内外の区別こそが重要であり、しかもその重要性は旧時代に比べてはるかに大きいものとなっている。

そのうえで、日本の独立が目的であって、文明はその「術」であるという『文明論之概略』の結論に入ります。何より重要なことは何かと問うて、こういいます。

目的を定めて文明に進むの一事あるのみ。その目的とは何ぞや。内外の区別を明《あきらか》にして我《わが》本国の独立を保つことなり。而《しこう》してこの独立を保つの法は文明の外《ほか》に求むべからず。今の日本国人を文明に進《すすむ》るはこの国の独立を保たんがためのみ。故に、国の独立は目的なり、国民の文明はこの目的に達するの術なり

目的を定め文明化の方向に向かって進むより他に日本の方途はない。その目的とはいったい何か。内外の区別を明らかにしてわが日本国の独立を確保することである。しかし、日本国の独立を保つための方法が文明以外にあると考えてはならない。現代の日本人が文明の方向に歩みを進めるのは、日本の独立を確保するだけのためである。それゆえ、国の独立こそが目的なのであり、国民の文明はこの目的を達成するための方法なのである。

「国の独立は目的なり、今の我《わが》文明はこの目的に達するの術なり」というのです。本書の文中で説明した文明論と矛盾するのではないかという読者の懸念を払拭するための一言です。本書『文明論之概略』で福澤は、「文明の物たるやを至大至重、人間万事皆この文明を目的とせざるものなし」といった類の表現を何度も使い、人類が到達をめざすべき極致が文明であることを繰り返しております。

実は、この福澤にあっても、文明は到達すべき「極致」なのであって、すぐにこれが手に入ると考えてはならない。文明の極致を目標としつつも、足下の最大の課題は独立であり、この独立のための手段として文明を捉えねばならない。思考の順序を取り違えては絶対にならない、というのが福澤の思想の根本なのです。

左の文章の意味を再度確認しておきます。

今の我《わが》文明と云《い》いしは文明の本旨には非《あら》ず、先《ま》ず事の初歩《しょほ》として自国の独立を謀《はか》り、その他は之《これ》を第二歩に遺《のこ》して、他日為《たじつな》す所あらんとするの趣意なり。蓋《けだ》し斯《かく》の如《ごと》く議論を限るときは、国の独立は即《すなわ》ち文明なり。文明に非ざれば独立は保つべからず。独立と云《い》うも文明と云うも、共に区別なきが如くなれども、独立の文字を用れば、事の想像に一層の限界を明《あきらか》にして、了解を易《やす》くするの便《べん》あり。唯《ただ》文明とのみ云うときは、或《あるい》は自国の独立と文明とに関係せずして、文明なるものあり現在の日本で文明といわれているものは文明の趣旨ではない。まずものごとの初歩として自国の独立を図り、その他はこれを第二歩として残し、いずれの日にか達成すべきだと考えるのが文明の趣意である。議論をこのように限定するならば、国の独立こそが文明に他ならない。文明によらなければ独立を保つことはできない。独立といっても文明といっても、二つには区別がないかのように思われるかもしれないが、独立という文字を用いた方が、その印象を読者により鮮明に伝えることができ、了解を得やすくなろう。ただ文明といっただけでは、自国の独立と文明とは相互に関係ないものとして、文明なるものが独自に存在しているかのように受け取られてしまいかねないではないか。

大切なところですから、もう一度まとめておきましょう。現在の日本の文明は、文明の本質を実現しているとは到底いえない。自分（福澤）がここで主張したいのは、現在の日本はまず第一歩として自国の独立を図り、それ以上のことは第二歩として将来いずれかの日に実現を期そうではないか、ということです。

独立こそが最優先課題である

『文明論之概略』の最後にいたりますと、次の一文に出会って驚かされます。明治八（一八七五）年のこの著作において福澤はすでにこういっているのです。合理主義者福澤の面目躍如《めんもくやくじょ》の感ありです。

暗殺攘夷《じょうい》の輩《やから》と雖《いえ》ども、唯《ただ》その事業をこそ咎《とが》むべけれ、よくその人の心事を解剖《かいぼう》して之《これ》を検査せば、必ず一片の報国心あること明《あきらか》に見るべし。／されば……君臣の義、先祖の由緒《ゆいしょ》、上下の名分、本末の差別等の如《ごと》きも、人間品行の中に於《おい》て貴《とうと》ぶべき箇条にて、即《すなわ》ち文明の方《ほう》便《べん》なれば、概《がい》して之を擯斥《ひんせき》するの理《ことわり》なし。唯《ただ》この方便《ほうべん》を用いて世上《せいじょう》に益を為すと否《いな》とは、その用法如何《いかん》に在《あ》るのみ。凡《およ》そ人として国を売るの悪心を抱かざるより以上の者なれば、必ず国益を為すことを好まざる者なし

暗殺攘夷にうつつをぬかしている連中といえども、その行為は法にそむいているけれども、彼らの心中に分け入ってみれば、必ずや一片の報国心がないはずはない。／それゆえ、……君臣の義、先祖の由緒、上下の名分、本末の差別などといったものも、人間の品行の観点からいえば貴いものばかりであり、それゆえこの道徳は文明化の手段としてそれを否定してしまうのも理屈に合わない。これらを世の中に役立つものとするか否かは、その用い方のいかんによろう。国を売るような悪人であれば話は別だが、そうでなければこれらの者も必ずや国益を増強するうえで役立たせることができるにちがいない。

『文明論之概略』の基底にある観念をさらに縮めて思い切って一、二言でいってしまえば、次

の通りです。文明というものは、本来が際限もなく広大かつ高尚なものであり、欧米列強は日本に先んじて文明化の道に歩を進めているものの、文明といえるような段階にいるとは到底いえない。各国が獣のように荒々しく戦い、国益の暴力的な拡大を求めてアジアへの侵略と植民地化を競い合っているような状況が列強の文明の現段階だと考えるならば、日本だけが広大で高尚なる文明を求めようとしても、そんなことが可能なはずがない。それよりはるか以前、何よりも国家の独立こそが求むべき緊急の課題であり、文明とは、日本にとってみればこの課題を解決するための方法なのである。それゆえ国家に対する私憤《しふん》つまり偏頗心や報国心がここでは最も重要な徳目でなければならない。

第4章

「国は人民の殻なり」——正道と権道

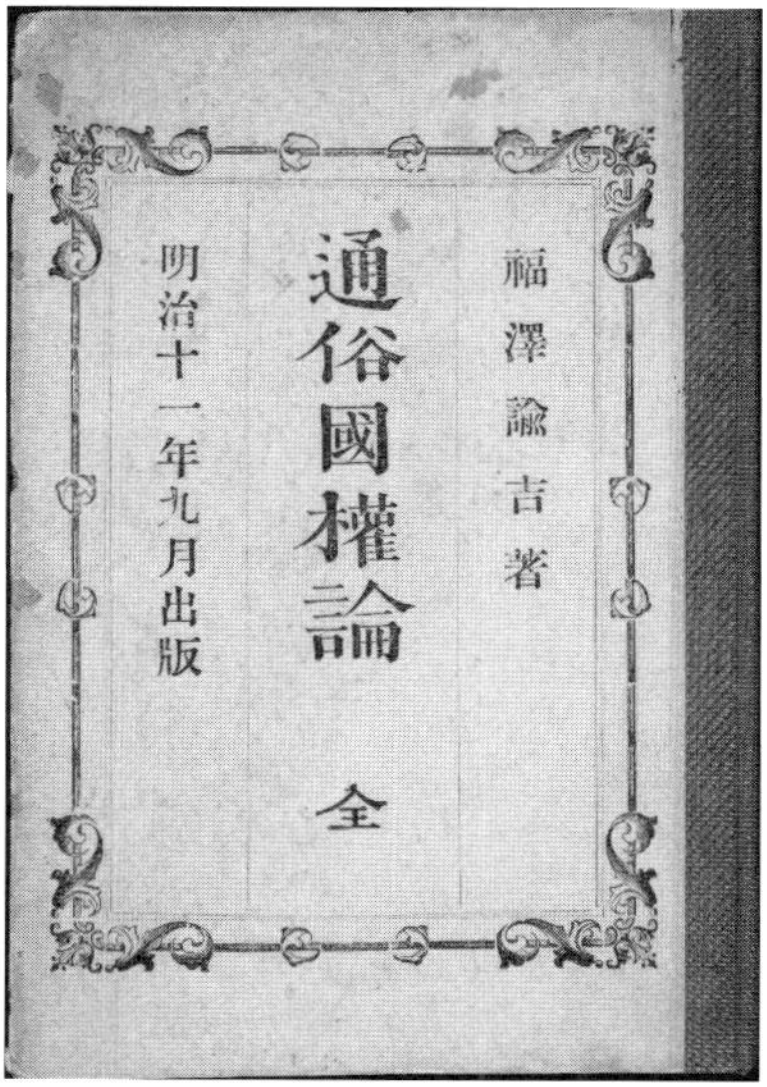

『通俗国権論』明治11年

外国交際の大本《おおもと》は腕力に在り

回転する福澤思想

福澤は『文明論之概略』の中で、一方においては「文明の物たるや至大至重、人間万事皆この文明を目的とせざるものなし」といい、最終章を除くほぼ全巻にわたり西洋文明についての解釈、ならびに日本もこの文明に近づくための努力を怠ってはならない、という趣旨を説いています。しかし、その結論部分にいたり、しからば文明の、とりわけ日本の文明化の目的は何かといえば、それは日本の独立であり、文明化は独立を確たるものとするための手段だというのです。自分（福澤）がこの著作の執筆にあたう限りの知力をこめたのは、日本の独立を願ってのことに他ならない、本書はこの第一〇章という結論部分を主張するための「序論」のごときものだ、というのです。

文明というものは至大至重であって、その実現ははるか仰《あお》ぎみる遠くのところにあるものだ、すぐに実現できるものでは到底ない。まずは、日本の独立を図るべく文明を手段としてこれを大いに活用し、文明そのものの実現は「第二段」として他日を期《き》すべきである。自国の独立とは無関係に文明というものが存在するかのごとくに考えるのは幻想にすぎない、独立に資《し》することのない文明など文明に似たるものであって、本当の文明ではない、といい切っています。

『文明論之概略』の出版が明治八（一八七五）年、明治一〇（一八七七）年には『丁丑公論』、つづく明治一一（一八七八）年に出版された『通俗国権論』では、文明の両面性、すなわち「文明性」と「暴力性」について論じ、とくに後者に力をおいた主張を展開するにいたります。

「今の禽獣《きんじゅう》世界に処して最後に訴うべき道は必死の獣力に在《あ》るのみ」といい、「百巻の万国公法は数門の大砲に若《し》かず、幾冊の和親条約は一筐《いっきょう》の弾薬に若かず」ともいっていましたね。文明の背後には暴力性がありありと存在していることを見落とすな、「至大至重」なる文明への憧憬は自分の心の中にはまぎれもなく存在しているが、目下の重大関心は文明の暴力性にある。これに対抗して国家の独立が保持できないというのであれば、もとより文明など論じても詮《せん》ないことだといった議論なのです。

『文明論之概略』とこの『通俗国権論』の間に、『丁丑公論』を執筆して、西南戦争に殉じた西郷隆盛を深く悲しみ、西郷を「賊軍」の巨魁《きょかい》だと難じる往時のジャーナリズムを、「文明の虚説」をふりまいて「抵抗の精神」を衰頽《すいたい》させる「政府の飼犬」のごときものだと福澤が難じたことは本書でも論じました。『丁丑公論』は、日本の独立こそが目的であり、文明化はそのための手段であると論じた『文明論之概略』、文明の暴力性を論じた『通俗国権論』という著作のちょうど中間にあって、日本の国民、とりわけ日本の指導層が胸中に深く秘めておくべき「抵抗の精神」

を論じたものだ、と捉えなければならないと私は思うのです。その精神が、西郷の士風であり、士魂なのです。そして実はこの福澤の思想は何と福澤を福澤たらしめた初期の一大ベストセラー、啓蒙思想家・福澤の名を世に高からしめた、かの『学問のすゝめ』において、すでにその萌芽《ほうが》があったことを、私は福澤のマルチルドムへの共感の中に読み取りました。これは第1章で述べた通りです。

明治一四年の政変

『通俗国権論』は、さらに次のような論理をもって明治一四（一八八一）年の『時事小言』、明治一七（一八八四）年の『通俗外交論』へとつながっていきます。『時事小言』が出版されたのが明治一四年一〇月、この年には明治政治史において広く知られる「明治一四年の政変」が起こりました。『時事小言』はこの政変の直前に出版されていますから、この著作は政変そのものとは関係ないのですが、執筆時点での日本の政治状況を多少なりとも知っておく必要がありますので、政変の概略についてふれておきます。

明治のこの時代においては、自由民権運動が大きな政治的潮流《ちょうりゅう》となり、憲法改正論議も高まりをみせておりました。政府の内部でも、真剣にこのことが議論されていたのは当然です。その流れは、一つには、伊藤博文や井上馨《かおる》などが主張する君主大権を重んじるビスマルク憲法派と、大隈重信やそのブレーンの福澤門下の矢野文雄《ふみお》、犬養毅《つよし》、牛場卓蔵《うしばたくぞう》、尾崎行雄《ゆきお》らが主張するイギリス型議院内閣制派が鋭く対立しておりました。この時期を狙ったかのように、薩摩藩出身の開拓使長官の黒田清隆《きよたか》が、同郷の政商の五代友厚《ごだいともあつ》に官有物を不当に低い価格で払い下げたという一大スキャンダルが『郵便報知新聞』などで取りあげられ、これを契機に「薩長藩閥政府」に対する強い不信感が国民の中に生まれ、これが自由民権運動を一段と激しいものとしたのです。

大蔵省を中心とする大隈派は払い下げ中止を主張して伊藤と鋭く対立、伊藤は大隈を「利敵行為者」として政府から追放、同時に大隈派に集中していた福澤門下生も政府を去らざるをえなかったのです。一言でいえば、日本の統治の方式が「民権」か「国権」かで争われていたのです。さっきもいいましたように、『時事小言』は、政変の直前に出版されていますので、この事件とは直接関係はないのですが、当時の内政が何を焦点としていたかを知っていただくために、ちょっとだけ記してみたという次第です。

次の文章は『時事小言』の「緒言《しょげん》」の一部です。ここで「記者」といっているのが、福澤です。福澤の『時事新報』の創刊は明治一五（一八八二）年三月のことですから、福澤はまだ記者ではないのですが、すでにそんな存在となったつもりでみずからをそう呼んでいたのであろうと想像されます。自分は民権論にはもちろん反対ではないが、現在はそんなことよりもっと深く心配しなければならない問題があるといって、次のようにいいます。

記者は固《もと》より民権の敵に非《あら》ず。その大《おおい》に欲する所なれども、民権の伸暢《しんちょう》は唯《ただ》国会開設の一《いっ》挙《きょ》にして足るべし。而して方今《ほうこん》の時勢《じせい》これを開くことも亦難《またかた》きに非ず。仮令《たと》い難きも開かざるべからざるの理由あり。然《しか》りと雖《いえど》も国会の一挙以《もっ》て民権の伸暢を企望《きぼう》し、果して之《これ》を伸暢し得るに至《いたり》て、そのこれを伸暢する国柄《くにがら》は如何《いか》なるものにして満足すべきや。民権伸暢するを得たり、甚《はなは》だ愉快にして安堵《あんど》したらんと雖《いえど》も、外面より国権を圧制するものあり、甚《はなは》だ愉快ならず

私（「記者」の福澤）はもとより、民権の敵ではない。民権の伸暢は大いに望ましいことであり、国会を開設すればこれも一挙に達成できる。加えて、現在の世の中のなりゆきからすれば、国会開設もそれほど難しいことでもあるまい。たとえ難しいとしても国会を開設すべき理由があろう。とはいうものの、国会を一挙に開いて民権を伸暢させたとしても、民権の伸暢によって生まれるべき国家の国柄がどのようなものとなれば満足できるというのであろうか。民権が伸暢すれば国民も大変に愉快であり、また安堵もするだろうが、国家の外側から国権に強圧を加える勢力があって、これは実に不愉快なものである。

国権そのものが外国により暴力的に抑圧されかねない状況に、目下の日本は直面しているのではないか。ただ国会を開設すればいいというほどことは単純ではない、といった趣旨の記述です。さらに緒言ではこうつづきます。

俚話《りわ》に、青螺《さざえ》が殻中《かくちゅう》に収縮して愉快安堵なりと思い、その安心の最中に忽《たちま》ち殻外《かくがい》の喧嘩異常なるを聞き、窃《ひそか》に頭を伸ばして四方を窺《うかが》えば、豈計《あにはか》らんや身は既《すで》にその殻《から》と共に魚市《うおいち》の俎上《そじょう》に在りと云《い》うことあり。国は人民の殻なり。その維持保護を忘却《ぼうきゃく》して可《か》ならんや。近時の文明、世界の喧嘩、誠に異常なり。或《あるい》は青螺の禍《わざわい》なきを期《き》すべからず。この禍の憂《うれ》うべきもの多くして之を憂る人の少なきは、記者に於《おい》て再び不平なきを得ざるなり

青螺が殻の中に収まって愉快だ安堵だと思っているその最中に急に殻の外から喧嘩のような異様な騒ぎの声が聞こえてきて、こっそり頭を外に伸ばして四方をうかがえば、何とまったく思いもかけないことに、自分の身は殻と一緒に魚市場のまないたのうえに乗っかっているではないか。そんなたとえ話がある。国は人民の殻であり、国民の維持と保護のことを忘却してなお国家といえようか。最近の文明のありよう、世界の戦争などを観察していると、まことに異常なことが起こっているといわざるをえない。青螺の禍が起こらないことを願う。しかし、憂うべき禍は実に多い一方、禍を憂うる人が少ないことは、私にとっては大変な不満である。

福澤という文章家の用いる比喩は実に巧みです。国家とは国民を外国から守るための貝の殻のような存在でなければならない。近年の不穏な国際情勢の中にあって、このことを配慮することなくただ民権と国会開設について騒いでいるだけでは、国家の存立自体が危いのではないか、といっているのです。

私は権道にしたがう

福澤は「正道」と「権道」という言葉を使って、民権論は正道であり、国権論は権道だというのです。権道というのは〝手段や方法は道義から外れているが、結果からみれば正道にかなっている〟といった意味です。禽獣のこの世界にあって、純理の正道に立つというばかりでは、国家的危機には対応できないではないか。私はここではっきりと権道の立場にたつといって以下のように宣言するのです。ここは現代語訳がなくともよさそうですね。

> 近年、各国にて次第に新奇の武器を工夫し、又常備の兵員を増すことも日一日より多し。誠に無益の事にして誠に愚なりと雖《いえ》ども、他人愚《ぐ》を働けば我も亦《また》愚を以《もっ》て之《これ》に応ぜざるを得ず。他人暴《ぼう》なれば我亦暴なり。他人権謀術数《けんぼうじゅつすう》を用れば我亦これを用《もち》ゆ。愚なり暴なり又《また》権謀術数なり、力を尽《つく》して之を行い、復《ま》た正論を顧《かえり》みるに遑《いとま》あらず。蓋《けだ》し編首《へんしゅ》に云《い》える人為の国権論は権道なりとは是《こ》の謂《いい》にして、我輩は権道に従う者なり

「権謀」とは場面に応じてとられる策略、「術数」とはたくらみやはかりごとのことです。つまり権謀術数は、人を欺くための種々《しゅじゅ》の計略とでもいえばいいのでしょうか。皆さんも「マキャベリズム」という言葉を聞いたことがあろうと思います。イタリアの政治思想家マキャベリが、一

五〜一六世紀のイタリアの政治の現実を前に、政治的目的のためには君主は反道徳的な手段を用いても許容されると説いたことに発しています。マキャベリズムといえば「権謀術数主義」とも訳されています。福澤は徹底的なリアリストです。権謀術数の現実世界に身を置くものとして自分（福澤）は、権道にしたがうとみずからの立ち位置を明瞭《めいりょう》にと宣言しているのです。理論によって現実をみるという私ども、とくに知識人といわれる人々が陥りがちな志向性を、福澤は極度に嫌っていたのではないでしょうか。

アジアで先陣を切る日本

国権の事

『時事小言』の第四編は「国権之事」です。このあたりで福澤のいわばマキャベリズムがその姿をはっきりとあらわします。ここで福澤は、国権を発揚《はつよう》させるためにはどうしたらいいのかと問うてこういうのです。

内国の政治既《すで》に基礎を固《かた》くして安寧頼《あんねいたの》むべきの場合に至《いた》れば、眼を海外に転じて国権を振《しん》起《き》するの方略《ほうりゃく》なかるべからず。我輩畢生《わがはいひっせい》の目的は唯《ただ》この一点に在《あ》るのみ。読者も必《かならず》我輩と見《けん》を同《おなじ》うすることならん。抑《そもそ》も外国の交際は相互《あいたがい》に権利を主張するものにして、情を以《もっ》て相接《あいせつ》するに非《あら》ず

国内の政治はすでにその基盤を固め、これに国民の安寧を任せてもいいような状態となっており、それゆえ国家は眼を海外に転じて、国権を奮い立たせる手だてをもたなければならない。私の生涯の目的はただこの一点にある。読者も必ずや私の見解と同じくするにちがいない。そもそも外交は相互に自国の権利を主張するものであり、情をもってすべきものではない。

明治維新政府も成立し、さまざまな問題に直面してきたが、これをなんとかしのぎ、ともかくも近代主権国家としての基礎も固くなっている、というのが、『時事小言』を出版したあたりの福澤の判断です。しかし、海外、特に西洋諸国のアジア進出の権謀術数のありようを前にすれば、国権こそが強化されねばならない。「我輩畢生の目的は唯この一点に在るのみ」。畢生の目的、というのは、終生の、つまりは生涯をかけた目的という意味です。外交とは――権謀術数をもって――権利を主張するもので、「情を以て相接する」ものではない、といい切っています。

情の反対は力なり。外国交際の大本《おおもと》は腕力に在《あ》りと決定すべきなり

陸奥宗光

福澤の話ばかりで、読者の皆さんも少し疲れてきたのではないでしょうか。「閑話休題《かんわきゅうだい》」とまいりましょう。といっても、話題を少し変えてみるだけで、話自体は軽いものではありません。むしろ少し重い話です。

「外国交際の大本は腕力に在り」という福澤の考えを体現した人物が陸奥宗光です。日清戦争外交の全局を指導した外務大臣が陸奥宗光です。陸奥の凛《りん》たる漢語調の日清戦争回顧録が『新訂 蹇蹇録《けんけんろく》』（岩波文庫）です。この本ほど、危機における指導者の行動をあからさまに描いた著作を私は他に知りません。

日清戦争とは、日本が清国と戦った近代初の対外戦争です。「定遠《ていえん》」「鎮遠《ちんえん》」など世界最強の装甲艦《そうこうかん》を擁する清国に比して、日本の劣勢は明らかでした。にもかかわらず、清国を宗主国、みずからを属領とする「清韓宗属関係《しんかんそうぞくかんけい》」を切断して、朝鮮を「独立自主」の国としなければ日本の「自衛の道」はない、と陸奥は判断するのです。李朝末期の朝鮮は、政争と内乱を繰り返していました。そのたびごとに清国兵が半島に派遣される状況を目の当たりにして、陸奥は強い危機感を募らせたのです。気がつけば世界最大の陸軍国家ロシアも朝鮮をうかがっているではありませんか。

日本が清国に挑んでこれに勝利する術《すべ》は「機略《きりゃく》」以外にはない、そう陸奥は判断します。この時期、日本が外務大臣に陸奥を戴《いただ》いたことは、天の采配《さいはい》のごときものであったと私には思われま

料金受取人払郵便

牛込局承認

6012

差出有効期間
令和8年5月
1日まで

郵便はがき

1 6 2-8 7 9 0

東京都新宿区
早稲田鶴巻町五二三番地

（受取人）

株式会社 藤原書店 行

ご購入ありがとうございました。このカードは小社の今後の刊行計画および新刊等のご案内の資料といたします。ご記入のうえ、ご投函ください。

お名前	年齢

ご住所 〒

TEL　E-mail

ご職業（または学校・学年、できるだけくわしくお書き下さい）

所属グループ・団体名　連絡先

本書をお買い求めの書店

市区郡町　書店

■新刊案内のご希望　□ある　□ない
■図書目録のご希望　□ある　□ない
■小社主催の催し物案内のご希望　□ある　□ない

書名		読者カード

●本書のご感想および今後の出版へのご意見・ご希望など、お書きください。
（小社PR誌『機』「読者の声」欄及びホームページに掲載させて戴く場合もございます。）

■本書をお求めの動機。広告・書評には新聞・雑誌名もお書き添えください。
□店頭でみて　□広告　□書評・紹介記事　□その他
□小社の案内で　（　）（　）（　）

■ご購読の新聞・雑誌名

■小社の出版案内を送って欲しい友人・知人のお名前・ご住所

お名前　ご住所 〒

□購入申込書（小社刊行物のご注文にご利用ください。その際書店名を必ずご記入ください。）

書名　冊	書名　冊
書名　冊	書名　冊

ご指定書店名　住所

都道府県　市区郡町

す。戦う以上は勝たねばなりませんが、勝利してなお列強の反撥は避けられない。みずからを「被動者」、清国を「主動者」とし、余儀なく戦わざるをえない戦争だと装うことに陸奥は努めたのです。

陸奥は、清国が呑むとも考えにくい朝鮮内政の共同改革案を提示し、清国がこれを拒否したことをもって開戦の大義とするのですが、福澤のいう権謀術数とはこういうことをいうのでしょうね。また、弱者が強者に挑んで勝利するには、敵の機先を制するより他ありません。戦局のことごとくで日本軍はこの戦法に徹し、勝利を手にしました。そして、日本は日清講和条約において清国に「朝鮮国ノ完全無欠ナル独立自主ノ国タルコト」を確認させることに成功したのです。

しかし、条約締結の直後にロシアが独仏を誘って「三国干渉」の圧力を加え、日本は重要な「戦利品」たる遼東《りょうとう》半島を清国に還付せざるをえませんでした。『蹇蹇録』の最後にこうあります。

畢竟《ひっきょう》我にありてはその進むを得べき地に進みその止まらざるを得ざる所に止まりたるものなり。余は当時何人を以《もっ》てこの局に当らしむるもまた決して他策なかりしを信ぜんと欲す

「畢竟」というのは、つまるところ、結局は、という意味です。結局のところ私（陸奥）は、進むべき場合に進み、とどまらざるをえないところではとどまったのである。この局面に遭遇した者であれば誰しも他に方策があったとは考えなかったにちがいない、といっています。山は登る

より下る時の方が難しいといわれます。戦いは始めるよりこれを収めることの方がさらに難しいものだともいわれます。戦争終結は心血を注がねば可能とはならないというのが経験則です。陸奥はいい訳をしているわけではまったくありません。どうしてもいいたかったのは、「兵力の後援なき外交は如何《いか》なる正理《せいり》に根拠するも、その終極《しゅうきょく》に至りて失敗を免《まぬか》れざることあり」なのです。解説を要しません。福澤と同じことをいっているのです。

少し重い閑話休題でした。福澤にもどりましょう。

条約改正交渉に進展がないのはなぜか

『時事小言』は、先ほどの「外国交際の大本《おおもと》は腕力に在《あ》り」のしばらく後で次のように記しています。

古来今に至《いた》るまで、兵備は国歩進退《こくほしんたい》の大本《おおもと》にして、外交に就《つ》き百般《ひゃっぱん》の関係も之《これ》に由《より》て左右せらるゝものと知るべし。例えば近来、我国に条約改正談判《だんぱん》の事あり、我輩の察する所にては必ず意の如《ごと》くならざるもの多きことならんと思う。その意の如くならざるは何ぞや。談判の行違《ゆきちがい》もあらん、議論の通不通《つうふつう》もあらん、様々の事情に由《より》て然《しか》るものゝ如くに見ゆれども、枝葉《しよう》の事情を去《さり》て退《しりぞい》て独《ひと》り沈思《ちんし》したらば、結局の底に到《いた》り、不如意《ふにょい》は議論談判の罪に非《あら》ず、我に一点の不足するもの有《あり》て然《しか》るものなりとの事を発明すべし。蓋《けだ》しその不足は読者の黙し

て心に知る所ならんのみ

昔から、国家の軍事力は国の運命を決する根本であり、外交に関するさまざまなことは軍事力によって左右されるという事実を知らねばならない。例えば、このところわが国では条約改正交渉のことが問題になっている。私の察するところでは、まずは日本の意図するようには交渉は進まないことが多いのではないか。意図するようにならないのはどうしてなのか。交渉のゆきちがいもあろうし、議論が通じないこともあろう。さまざまな事情によって交渉が進展していないかのように思われようが、本質的ではない事情を別にしてよくよく考えてみれば、結局のところことが意のごとく進まないのは、議論や交渉のやり方に問題があるからではなく、確かにこれだけが不足していてその不足ゆえに当然のことだという事実が改めて明らかになるであろう。すなわちその不足とは読者は黙してはいても、すでにわかっているところのものである。

最近「条約改正談判の事あり」と書かれていますが、第三章で少し触れておいたことです。安政五（一八五八）年のアメリカとの日米修好通商条約に始まり、オランダ、ロシア、イギリス、フランスとの間に結ばれた不平等条約の改正問題です。不平等条約は明治期を通じて日本を強く悩ませた問題でした。不平等は主として二つでした。

この条約により日本は、本来、主権国家であれば自主的に定めることのできるはずの、輸入品にかける関税率をみずから決定できないことになっていました。要するに、輸入関税の自主的な決定権がないために、輸入関税率は極端に低いレベルでの設定を余儀なくされ、外国商品の輸入によって国内産業の育成のいとまがなく、貿易不均衡に悩まされるはめとなったのです。また、日本国内に存在する外国人に対しても主権を行使することができず、外国人が日本国内で犯罪をおかしても、その裁判権を外国領事館にまかせざるをえなかったのです。これが領事裁判権の許容です。この条約により五港（箱館、横浜、長崎、新潟、神戸）に、外国人居留地が設定され、その整地、道路、水道などのインフラ整備の義務が日本に課せられ、裁判は日本の国内法を適用できず、また日本人の外国人居留地への通行も禁止される、という屈辱的な不平等条約です。国力の伸長とともに当然のことながらこの不平等条約を改正すべきとの議論が、日本国内で湧き起こりました。

しかし、改正は容易なことではありませんでした。明治二一（一八八八）年になって領事裁判権がアメリカとの間で撤廃されたのですが、その他の国々との交渉は長引き、最終的に領事裁判権のすべてが撤廃されるには、日清戦争における日本の勝利までまたなければなりませんでした。関税自主権の回復は、実に日露戦争勝利と韓国併合後の明治四四（一九一一）年まで、つまりは明治の全期間を要したのです。

勢力均衡論

福澤が『時事小言』を書いたのは、明治一四（一八八一）年です。明治五（一八七二）年に岩倉使節団が欧米条約改正で交渉の可非を打診したものの、それが不可能事であることを悟らされ、さらに第一次伊藤博文内閣の外務卿である井上馨が条約改正で会議を開いたものの、米欧の態度はなお硬《かた》く、国民の間に欧化政策への批判が高まっていたのです。そういう歴史的文脈を頭におきながら、読み進める必要があります。

さきに陸奥宗光を話題にしたところで、陸奥が「兵力の後援《こうえん》なき外交は如何《いか》なる正理《せいり》に根拠《こんきょ》するも、その終極に至りて失敗を免れざることあり」と語っていたことを紹介しました。陸奥は福澤のリアリズムの継承者であったという趣旨のことも述べましたが、まさにその通りです。しかし、福澤はさらに進んで、西洋が日本とアメリカに砲艦外交をもって臨んでくるのは、西洋とアジアの間に文明の差があるからだと考えています。

アジアの国々が西洋諸国から暴力的に開国を余儀なくされ、不平等条約を押しつけられ、これを拒めば砲艦をもって強要される。それは西洋とアジアに文明度の差があるからだ。文明国同士では万国公法が有効だが、西洋とアジアではこれはまるで有効性をもたないといって、次のように福澤は述べます。

西洋諸国の人民は自《みず》から「キリスチヤン・ネーシヨン」耶蘇宗派国民の義と名称して、明《あきらか》に自他《じた》の分別《ぶんべつ》を作り、彼《か》の所謂万国公法《いわゆるばんこくこうほう》、又は万国普通の権利云々《うんぬん》と称するその万国の字も、世界万国の義《ぎ》に非《あら》ずして、唯耶蘇《ただヤソ》宗派の諸国に通用するのみ。苟《いやしく》もこの宗派外の国に至《いたり》ては曾《かつ》て万国公法の行われたるものを見ず。畢竟《ひっきょう》人情習慣の然《しか》らしむる所にして、人力を以《もっ》て容易に改むべきものに非ず

西洋諸国の人民はみずからクリスチャン・ネーションと名のって自他の区別をはっきりとさせている。西洋でいうところの万国公法あるいは万国一般の権利などという場合の万国とは、世界万国の意味ではない。キリスト教の国々に適用されるというにとどまる。この宗派以外の国々に対して万国公法などが適用された例はかつてない。結局のところ、人情、習慣のゆえにそうなっているのであり、人間の力によってはこれをどうこうすることもできない。

つまりは、西洋の国々に対抗するには「権力の平均（バランス・ヲフ・パワ）」を図るより他ないといいます。バランスオブパワー、つまり「勢力均衡」という現代の国際政治学では必ずや出てくる概念を福澤は、すでに明治一四（一八八一）年に用いているのです。

先陣を切るべきは日本

この勢力均衡を実現するためには、アジアの中では、日本がその先陣を切らねばならないとし

て、次のようにいいます。

力を以《もっ》て相抗敵《あいこうてき》するの外《ほか》、手段あるべからず。徒《いたずら》に他の友誼《ゆうぎ》に依頼せんとするは、尋常の人間交際《じんかんこうさい》に於《おい》ても尚且《なおかつかた》難し。況《いわん》や東西異類《いるい》の国と国との間に於てをや。万々《ばんばん》行わるべからざる所にして、之《これ》を口に言うも無益の事なり。左《さ》れば既《すで》に相抗敵《あいこうてき》するものと決定したる上にて、その方法は如何《いかに》すべきや、誰《た》れか之《これ》に着手して、誰れか之を魁《さきがけ》と為《な》すべきや、一大疑問なり。波斯《ペルシア》、朝鮮等は迚《とて》も頼むべからざるものとして、亜細亜《アジア》中最大の支那に依頼せんか、我輩これを事実に証《しょう》して断じてその頼むに足らざるを知る

武力をもって敵対する以外に手段はない。他国との友誼に頼ろうというのは、通常の人間関係においても難しいことであり、いわんや東西異類の国と国との関係においてはなお困難だといわねばならない。他国の友誼に期待しても得るところは何もないという事実は、別に口に出していうまでもない。されば、他国とは敵対するものと決意したうえで、その方法をどうすべきか、いずれの国がその準備に着手し、いずれの国が魁となるべきか、大きな疑問である。ペルシャ、朝鮮などは到底頼むべき国ではない。アジアの中で最大の支那に魁を頼むべきか。私は、これまでの事実に照らしてみて、支那にはそんなことを頼むわけにはいかないことを知っている。

結局、先陣を切るのは、わが日本のみだというのです。支那、朝鮮に対するこの時点での福澤の不信感は徹底的というべきです。

輔車相依《ほしゃあいよ》り脣歯相助《しんしあいたすく》るとは、同等の国と国との間には通用すべしと雖《いえ》ども、今の支那《しな》、朝鮮に向《むかい》て互《たがい》に相《あい》依頼せんことを望むは、迂闊《うかつ》の甚《はなはだ》しきものと云《い》うべし。何ぞ之《これ》を輔《ほ》と為《な》し又脣《しん》と為すに足《た》らんや

ちょっとわかりにくいかもしれません。「脣歯輔車《しんしほしゃ》」という漢語があります。「脣歯」とは脣と歯、「輔車」とは頬骨《ほほ》と下顎《あご》の骨のことです。お互いが助け合わねばならない関係、もちつもたれつの関係のことをいいます。相依《あいよ》り相助《あいたす》けるのは国家の相互の関係は当てはまるものだが、日本が現在の支那、朝鮮に向かって互いに協力しようというのは、いかにも迂闊で、とんでもないことだといっています。後の「脱亜論」につながる福澤の考え方が、すでにここに出ています。

隣家の火事は消さねばならない

そのうえで、日本が独力で西洋に対峙すべしというのが、福澤の考え方です。

方今《ほうこん》東洋の列国にして、文明の中心と為《な》り他の魁《さきがけ》を為して西洋諸国に当《あた》るものは、日本国

民に非《あら》ずして誰《た》ぞや。亜細亜《アジア》東方の保護は我《わが》責任なりと覚悟すべきものなり。抑《そもそ》も独立は一国の独立なり、我日本一国の独立を謀《はかり》て足るべし、他の保護は無用の沙汰《さた》なりと云う者もあらんと雖《いえ》ども、実際に於《おい》て決して然《しか》らず。彼の火事を防ぐ者を見よ。仮令《たと》い我一家を石室《せきしつ》にするも、近隣合壁《がっぺき》に木造板屋《いたや》の粗《そ》なるものあるときは、決して安心すべからず。故《ゆえ》に火災の防禦《ぼうぎょ》を堅固《けんこ》にせんと欲すれば、我家を防ぐに兼《かね》て又近隣の為《ため》にその予防を設け、万一の時に応援するは勿論《もちろん》、無事の日にその主人に談じて我家に等しき石室《せきしつ》を造《つく》らしむること緊要なり

現在、アジア諸国のうちで文明の中心となり、他国の先陣を切って西洋諸国に対抗する国は日本国民以外、どこにあるというのか。アジア東方の国々を保護することは日本の責任だと覚悟しなければならない、そもそも独立とは一国の独立のことであり、日本一国の独立を図ればそれで十分であり、他国の保護など無用のことだという人もいるが、実際にはそうはいかない。隣家が火事となった場合を考えてみよ。自分の家が石造であっても、隣家が粗末な木造板屋であれば、安心しているわけにはいかない。火災から身を守るには、自家の防火を図ると同時に近隣にも防災を呼びかけ、万一火災が起こった時には隣家の消火に応援すべきはむろんのこと、平素、隣家の主人を説いて石造の家を造らせるよう説得することが重要である。

さらに次のようにつづきます。このあたりになりますと、福澤の口吻《こうふん》も次第にあからさまになっていきます。

或《あるい》は時《じ》宜《ぎ》に由《よ》り強《しい》て之《これ》を造らしむるも可《か》なり。又或は事情切迫《せっぱく》に及ぶときは、無遠慮にその地面を押領《おうりょう》して、我手《わがて》を以《もっ》て新築するも可なり。蓋《けだ》し真実隣家を愛するに非ず、又悪《にく》むに非ず、唯《ただ》自家の類焼《るいしょう》を恐《おそ》るればなり。今西洋の諸国が威勢《いせい》を以て東洋に迫るその有様は火の蔓延《まんえん》するものに異《こと》ならず。然《しか》るに東洋諸国、殊《こと》に我近隣なる支那、朝鮮等の遅鈍《ちどん》にしてその勢《いきおい》に当《あた》ること能《あた》わざるは、木造板屋《いたや》の火に堪《た》えざるものに等《ひと》し。故に我《わが》日本の武力を以て之に応援するは、単に他の為《ため》に非ずして自《みず》から為にするものと知るべし。武以《ぶもっ》て之を保護し、文《ぶん》以て之を誘導し、速《すみやか》に我《わが》例に倣《ならい》て近時の文明に入らしめざるべからず。或は止《や》むを得ざるの場合に於《おい》ては、力を以てその進歩を脅迫《きょうはく》するも可《か》なり

チャンスがあれば石造の家を造らせるよう強要することもできよう。また事態が差し迫った場合には、隣家の土地を力ずくで奪い取って、自分の手で石造の家を造ることもありえよう。なぜならば、隣家のことを心から愛しているからではなく、憎んでいるからでもなく、ひたすら自家への類焼を恐れるからである。現在、西洋の列強が意気盛んに東洋に迫るその姿は、まるで火が蔓延するかのごとくである。しかし、東洋の国々、殊にわが日本の近隣の支那、朝鮮等は行動が鈍《にぶ》く、西洋の勢いに立ち向かうことはできない。まるで、木造板屋が火にくるまれてしまうのと同じようなものだ。それゆえ日本が武力により隣国を応援するのは、隣国のためというよりも自国のためであることを知らねばならない。武力によって隣国を保護し、文明の

力をもって隣国を誘導し、日本の例にならってすみやかに文明化の道を歩ませなければならない。それでもだめな時には、武力をもって文明進歩を強要することもありうることである。

不幸にして一旦《いったん》この国土が西洋人の手に落ることもあらば、その時の形勢は如何《いか》なるべきや。我《わが》ためには恰《あたか》も火災の火元を隣家に招きたるものにして、極度の不祥《ふしょう》を云《い》えば日本国の独立も疑《うたがい》なきに非《あら》ず。故に本編立論の主義に、我《わが》武備を厳《げん》にして国権を皇張《こうちょう》せんとするその武備は、独《ひと》り日本一国を守るのみに止《とど》まらず、兼《かね》て又東洋諸国を保護して、治乱共《ちらんとも》にその魁《さきがけ》を為《な》さんとするの目的なれば、その目的に従《したがい》て規模も亦遠大《またえんだい》ならざるべからざるなり

不幸にもひとたび国土が西洋人の手に落ちてしまえば、その時の勢力関係はいったいどうなるのか。自国にとってはまるで火災の火元を隣家に招き寄せるようなものであり、その帰結はにわかには計り難いことではあるものの、日本の独立それ自体が疑わしいものとなろう。それゆえ本論説の主張の根本は、わが国武備の威力を強化して国権を拡張することにあり、そのための武力は、ひとり日本一国を守るためのものであるばかりか、同時に東洋諸国を保護し、日本が治乱ともども東洋の先導者となろうというのがその目的である。日本の武力もこれにしたがって将来のことまで予想した大規模なものでなければならない。

「国権を皇張せん」とありますが、いうまでもなく「国権」とは、国民を統括する国家の権力

であり、「皇張」とは、天皇の威勢を拡張するという意味です。天皇主権の往時の「国体」をあらわした表現です。さしあたりは、「国権を拡大する」と読んでおいてくだされば結構です。

士族の精神をもってのみ

さて、問題は日本にそんな力があるのか、ということについて福澤がどう考えていたかです。福澤はそのための「資力」は日本にはあるが、足りないものがあってそれは「気力」だと答えています。『時事小言』の第六編は「国民の気力を養う事」と題してこう切り出します。

> 内既《うちすで》に安寧《あんねい》にして、又外に競争するの資力に乏《とぼ》しからず。尚《なお》足らざるものあり。即《すなわ》ち国民、国の為《ため》にするの気力、是《これ》なり。苟《いやしく》もこの気力あらざるときは、天下太平も祝《しゅく》するに足らず、国土富有《ふゆう》も悦《よろこ》ぶに足らず

日本の国内はすでに安寧に保たれており、また日本が海外で競争するための資力を欠いているというわけでもない。しかし、依然として不足しているものがある。それは国民の国家を守ろうとする気概に他ならない。いやしくもこの気概がないのであれば、天下太平も祝すべきことではなく、国土が富有であることも喜ぶべきほどのものではない。

しかし、日本には気概のある階層が厳然として存在するではないか。これこそが士族である。

士族の精神は、遺伝子を通じて脈々と現在に受け継がれており、その気力の発揚をもってすれば、西洋列強への対抗は十分に可能だ、というのです。天賦人権説とか国民平等というのは福澤に根づいた思想だとは私には思われないのです。「天賦人権」ならぬ「天賦智徳」の士を日本の文明化の主導者だと福澤はみなしているのです。

読者はご記憶のことでありましょう。福澤が文明化の主体を「庶民」には求めてはおらず、「正に国人の中等に位し、智力を以て一世を指揮」する人々、すなわち士族こそが文明の推進者であったと主張したこと、彼らの「マルチルドム」(殉教、殉死)こそが「抵抗の精神」を体《たい》して現状を変革する主導的な存在であること、西郷隆盛の思想と行動の中に真の改革者像を見出していたこと、しかもこれらが福澤の出世作『学問のすゝめ』の中に顕現《けんげん》していたこと、そういった第一章の記述を思い起こしてほしいのです。

抑《そもそ》も今の士族の天賦《てんぷ》に智徳《ちとく》の資《し》を有して、明《あきらか》に他の種族に超越する所以《ゆえん》のものは、一朝《いっちょう》の偶然に非《あら》ず。数百年来、家々の教育に遺伝し、又この教育なるものも、必ずしも文字に在《あ》らずして、所謂《いわゆる》家風に存するものにして、他種族の得て知るべからざる所のものあり

そもそも士族は生まれながらにして智徳の資質をもっており、これが他の社会階層とはっきり異なるゆえんなのだが、これもわずかな間に生まれてきた偶然のものではない。数百年の昔から連綿として士族の家々に教育を通じて遺伝し、この教育も単に文字を通じてというよりは、

家風により教化されたものであって、他の階層の人々には備わっていないものである。

といっているのです。このことはさらに次のように敷衍《ふえん》されます。

徳川政府の太平二百七十年の間に、三百諸侯の歳入、その過半《かはん》は之《これ》を士族坐食《ざしょく》の資に供《きょう》したるものにして、その坐食の資は即ち之《これ》をその教育費と視做《みな》して可《か》なり。故に日本の士族の教育は、その歳月久しくしてその価貴《あたいとうと》きものと云《い》うべし。既往《きおう》の得失は姑《しばら》く擱《さしお》き、この久しき歳月を消し、この無数の学資を費《ついや》して、その教育既《すで》に熟し、既に遺伝の習慣と為《な》りたるものを、一朝《いっちょう》にして之を殲《ほろぼ》すは誠に惜《お》しむべきに非ずや

徳川幕府二七〇年の間に三〇〇諸侯《しょこう》の歳入の大半は、生産的な労働に就くことのない士族の生活をまかなうために用いられてきた。それゆえ、これはある種の教育費だったとみなすことができよう。日本の士族教育は長らく大変に価値の高いものであったといわねばならない。もうすんでしまったことの損得を顧《かえり》みればいろいろいいたいこともあろうが、この長きにわたる年月を要し、厖大《ほうだい》な学資を費して成熟してきた教育の成果は、すでに士族の遺伝的な特質となっている。これを突如として滅してしまうというのは、いかにも惜しいことではないか。

禽獣相食む現代の世界において、日本人の気力を内外に宣揚する勢力出でよ、士族層の中から

澎湃《ほうはい》として湧き出でよ、というのが福澤の心情です。文明開化論者、欧化主義者、啓蒙思想家としての福澤、天賦人権説と社会契約論のプロモーターとして登場した福澤の『学問のすゝめ』などの初期の論説に比べますと、このあたりの記述はそこからはるか遠くにまできてしまっています。読者はいかにお考えでしょうか。

第5章

福澤　朝鮮への「恋」——開化派への期待と失意

古筠記念會編纂

金玉均傳

上卷

慶應出版社刊

『金玉均伝　上巻』扉　明治11年

甲申事変の裏の福澤

『時事新報』創刊

福澤が主宰する『時事新報』が創刊されたのは明治一五（一八八二）年三月一日です。以降、明治一八（一八八五）年末までの四年間に、この新聞に掲載された社説の中で朝鮮問題を扱ったものは九〇編前後、圧倒的に頻度《ひんど》の高いテーマでした。福澤の朝鮮に対する見方は実に厳しいものがほとんどです。時に差別語の羅列《られつ》のごとき感さえあります。西洋が権謀術数をもって東洋に暴力的な進出を繰り返す中にあって、東洋は結束してこれに当たるべきだが、実際には日本の信頼に値する国はない。いまの朝鮮ではどうにも頼りにならない、という論調がその主流です。

事実、前章で引用した『時事小言』の中でも、「波斯《ペルシャ》、朝鮮等は迚《とて》も頼むべからざるものとして、亜細亜州中最大の支那に依頼せんか、我輩これを事実に証《しょう》して断じてその頼むに足らざるを知る」といい、「今の支那、朝鮮に向《むかい》て互に相依頼せんことを望むは、迂闊《うかつ》の甚《はなはだ》しきものと云《い》うべし」といっていました。自家をいかに堅固な石造りのものにしても、隣家が粗末な木造板屋であれば、ここに火事でも起きれば自家も類焼をまぬがれない、と福澤は比喩していました。隣家とは朝鮮のことです。

これらの文章の中では、後の「脱亜論」もそうですが、福澤は決まり文句のように「支那朝鮮」と併記しております。しかしこれは一つの成句のような、つまりは決まり文句で、福澤が支那朝鮮といっているものは、実際は朝鮮のことだといっていいものと思われます。支那は朝鮮とは対等の関係ではありません。前者が後者のいわば宗主国、後者がその属国、つまりは「清韓宗属関係」にあったのです。このことは、すでに第二章で明治の初年になぜ日本の政界で征韓論が巻き起こったのか、この征韓論争の中で西郷隆盛という一代の傑物《けつぶつ》が政争に敗れて明治政府を離れ、故郷の薩摩に下野せざるをえなかったのかについての関連で、少し詳しく書きましたので、そこをもう一度ご参照くだされればと思います。

さて、「脱亜論」にいたるまでの福澤の朝鮮論について記すことにしますが、この間の朝鮮の政治情勢、ならびに日本が朝鮮にいかに関わったのかについて、やや詳しい説明をしておきたいと思います。この時代背景を知ることによって「脱亜論」の意味がより鮮明に理解できるからです。

福澤は李朝《りちょう》末期、日清戦争にいたるまでの朝鮮の政情について繁《しげ》く論じました。ただ論じたばかりではありません。現状を改革しなければ朝鮮の将来はないと考える「開化派」と称される一群の若手官僚を指導し、朝鮮留学生を慶應義塾に受け入れ、密《ひそ》かに武器を送って彼らに決起を促したのが福澤でした。
ひとたび成功した開化派のクーデターが袁世凱《えんせいがい》率いる清軍によって潰《つい》えたとの報に接し、その深い絶望を福澤は『時事新報』に寄せたのですが、これが明治一八（一八八五）年三月一六日付の「脱亜論」です。この論文については、後に論じることにします。

朝鮮　三〇年前の日本なり

福澤は朝鮮に「恋」をしていたというのです。慶應義塾出身の言論人に竹越與三郎《たけこしよさぶろう》という人物がおります。同氏は「福澤先生」と題する明治三五（一九〇二）年のエッセイの中で次のようなことを述べております。

渠《かれ》が胸中の政治的熱気は、決して初《はじめ》より抑《おさ》ゆべからずして、遂《つい》に全く朝鮮経略の上に澆《そそ》がれたり。実に朝鮮は渠が最初の政治的恋愛にして、また最後の政治的恋愛なりと云《い》ふを得べし（都倉武之「福澤諭吉の朝鮮問題」寺崎修編『福澤諭吉の思想と近代化構想』慶應義塾大学出版会）

なぜ福澤はそれほどまでに朝鮮のことに思いを深めたのでしょうか。福澤は明治一四（一八八一）年に、二人の朝鮮人留学生を初めて慶應義塾に受け入れました。彼らを入学させることになった事情について語っている文書に、ロンドンに留学中の門下生の小泉信吉《のぶきち》と日原昌造《ひはらしょうぞう》に宛《あ》てた書箇が存在しています。そこにはこう認《したた》められています。

本月初旬朝鮮人数名日本の事情視察の為《ため》渡来《とらい》、其中壮年《そのうちそうねん》二名本塾へ入社いたし、二名共《とも》先《ま》づ拙宅《せったく》にさし置《おき》、やさしく誘導致《いた》し遣居候《やりおりそうろう》。誠に二十余年前自分の事を思へば同情相憐《あいあわ》れむの念《ねん》なきを不得《えず》、朝鮮人が外国留学の当初、本塾も亦《また》外人を入《い》るゝの発端、実に奇遇《きぐう》と可申《もうすべし》、右を御縁《ごえん》として朝鮮人は貴賤《きせん》となく毎度拙宅《せったく》へ来訪、其咄《そのはなし》を聞けば、他なし、三十年前の日本なり。何卒《なにとぞ》今後は良く付合開《つきあいひら》ける様に致度《いたしたき》事に御座候《ござそうろう》

今月初旬に朝鮮人数名が日本の事情視察のためにやってきたのですが、そのうち二名を慶應義塾に入社させ、二名のいずれをもまずは私の自宅にそのまま滞在させやさしく誘導してやっています。二十余年前の自分のことを顧ればまことに同情相憐むの気持ちを抱かざるをえません。朝鮮が初の外国留学生を派遣することになり、この時期に本塾がまた外国人を受け入れることになったというのは、実に奇遇というべきです。これが機縁となって朝鮮人は、貴賤にかかわらず来日の度に、拙宅にやってくるようになりました。このような縁でつきあうようになった彼らからの話を聞きますと、他でもありません、現在の朝鮮は三十年前の日本そのものなのです。今後とも何かと良好なつきあいが広まるようにしたいと考えているところです。

文中「二十余年前自分の事」とは、兄の急死によって大坂の適塾で蘭学を学ぶことが不可能と

なって困惑する福澤に、師の緒方洪庵《おがたこうあん》が洋書翻訳の仕事を与えて窮地《きゅうち》を救ってくれたことを指し、「同情相憐れむ」はこの時の心情を思い起こして「拙宅にさし置《おき》、やさしく誘導致し遣居候《やりおりそうろう》」となった、というのが杵淵信雄《きねふちのぶお》の解釈です（『福澤諭吉と朝鮮』彩流社）。

朝鮮留学生から聞く朝鮮の現状は、門地門閥《もんちもんばつ》によって身分が固められ、社会的上昇など思いも及ばなかった「三十年前の日本」そのものだと福澤は感じ取ります。家督を継いだ福澤が困窮に耐えられず家財を売却し、母と姪を故郷に残し慚愧《ざんき》の思いで中津藩から大坂に出てきたのは、「門閥制度は親の敵《かたき》で御座《ござ》る」と旧制度にたぎる怒りを抑え切れなかったからだと『福翁自伝』には書かれております。

福澤は自分の過去を朝鮮人留学生の中に見出したのではないでしょうか。少なくとも自分を頼ってくる朝鮮人には、救いの手を差し伸べることが自分の責《せめ》だと感じたのでありましょう。幕臣福澤は、明治維新を傍観者としてやり過ごしたことが悔《く》やまれていたのかもしれません。そのために、みずからの思想の実現の場をどこかに求めており、その場が朝鮮となったのではないでしょうか。朝鮮の開化派が福澤に支援を仰いだことはまぎれもない事実です。

宗族　集団凝集原理

往時の朝鮮の内実は、近代化とはおよそ無縁のものであったといっていいでしょう。この時代、四度にわたり朝鮮旅行を敢行した人類学者にイザベラ・バードという人がおります。彼女は、その著書『朝鮮紀行——英国婦人の見た李朝末期』(時岡敬子訳、講談社学術文庫)の中で次のように述べています。

朝鮮国内は全土が官僚主義に色濃く染まっている。官僚主義の悪弊《あくへい》がおびただしくはびこっているばかりでなく、政府の機構全体が悪習そのもの、底もなければ汀《みぎわ》もない腐敗の海、略奪の機関で、あらゆる勤勉の芽という芽をつぶしてしまう。職位や賞罰は商品同様に売買され、政府が急速に衰退しても、被支配層を食いものにする権利だけは存続するのである。

もう少し述べてみましょう。朝鮮の高級官僚は両班《ヤンバン》といわれ、科挙《かきょ》というきわめつきの難関である国家試験に合格した一握りの秀才たちでした。彼らが絶対的専制君主を取り巻き、この国王を支えて彼らの合議により国家統治がなされていました。道の長官に始まり、府、郡、県の長にいたるすべてにおいて、中央から派遣された官僚が支配者となり、彼らが統治の任に当たってきました。「郡県制」と呼ばれる中央集権的な統治制度下におかれていたのです。そうすることによって、地方に根を張る権力集団の発生を厳しく抑圧していたのです。多数の武人がさまざまな地方権力を形成し、各地方に割拠した江戸時代の日本の幕藩体制とはまことに対照的な中央・地方関係が朝鮮の権力構造の特徴でした。

あらゆる「権力資源」が中央官僚によって独占された政治体制、これが李朝時代の朝鮮です。

この体制が李朝五〇〇年余を通じて厳格に守られてきたのですから、王朝体制はいかにも堅固なものだと思われるかもしれませんが、内実はその逆でした。中央集権が極度に追求されたために、多様な利益集団や社会集団の形成が阻まれ、唯一残された集団凝集原理である血族（宗族《そうぞく》）に社会がパッチワークのように「分化」してしまったのです。

朝鮮は、父子関係を軸に血縁を縦に継承していく原理をもった社会です。この血族的宗族こそが支配層両班の基本的な単位です。ですから宗族を横断的につなぐ社会原理は希薄にしか存在しません。国王を取り巻く中央官僚が社会の頂点に位置し、相互に関係のない有力な血族的宗族集団が頂点をめざして競い合い、その競合の過程で生じた血族間の抗争はまことに凄《すさ》まじいものだったようです。李朝史は血族抗争史として描くことさえ可能だといわれるほどです。

金玉均

しかし、李朝末期の朝鮮において、現状を否定的に捉え、朝鮮の近代化を図らねば「禽獣相《きんじゅうあい》食《は》む」帝国主義のこの時代にあって自国の生存は危うい、そう考える「開化派」と称される一群の官僚が存在していたことも事実です。彼らが近代化のモデルとしたものが、日本の明治維新に他なりません。福澤が希望を託したのもこの開化派だったのです。開化派の指導者が金玉均《キムオクキュン》です。福澤も金玉均を熱く支援しました。

金玉均の正伝が、林毅陸編『金玉均傳』（龍渓書舎）です。以下はこれによるところが多いことをご承知おきください。金玉均は、明治一五（一八八二）年に伝手《つて》をたどって訪日、三月六日に東京に入り、同日に三田の慶應義塾内にあった福澤邸に到着しました。金玉均は訪日の五カ月間、福澤の別邸に寄宿《きしゅく》し、三田を拠点にして日本の実情の観察に余念がありませんでした。

福澤の紹介により、井上馨《かおる》、渋澤栄一《えいいち》、後藤象二郎《しょうじろう》、大隈重信《しげのぶ》、伊藤博文《ひろぶみ》などと面会する機会を得ました。彼らとの議論を通じて得た金玉均の結論は、「日本の朝鮮に対する根本概念は開戦に非《あら》ず、侵略に非ず、征韓に非ず、唯《た》だ提携し、協力し、以《もっ》て支那の圧抑を排斥するに在《あ》るを洞察し、又日本国民の親愛なる、信誼《しんぎ》を尊重し、正義を好愛し、其《そ》の国家と国民は朝鮮の現状打開を援護する唯一の友邦」だ、というものでした。この確信をもって金玉均は帰国の途に着きます。

しかし、下関で帰国の乗船をまつ金玉均は「壬午《じんご》事変」の報に接して驚愕《きょうがく》します。壬午事変とは、政権から遠ざけられていた国王（高宗）の実父の大院君《たいいんくん》が、権力を握っていた閔妃《ミンビ》政権を、清軍の支援を受けて放逐《ほうちく》した明治一五（一八八二）年七月の事変のことです。元来が攘夷思想の強い大院君のクーデターです。排外主義運動の色濃く、閔政権の要人はもとより多くの日本人が殺害され、日本の公使館が焼き討ちに遭《あ》いました。

花房義質《よしもと》公使は漢城《ハンソン》を逃れ、仁川《インチョン》を経て小舟で洋上を漂っていたところを英艦に救われ、長崎にようやくにして到着するというありさまでした。公使館が焼かれ、公使が暴力的に追放されるというこの事件に、日本政府が反撥したのは当然です。日本軍は臨戦体制をもって仁川に迫ったのですが、仁川にはすでに清国北洋艦隊が姿を現しておりました。日本軍にはなす術《すべ》はありません。袁世凱率いる清軍は日本軍の機先を制して、大院君を拉致し馬山《マサン》に連れ出し、天津《てんしん》に拘送《こうそう》していました。日本は軍艦四隻、兵千数百人、対する清軍は三千人をゆうに超える陸軍勢を揃えていたというのです。この清軍の横暴が金玉均の怒りに火をつけたのです。

朝鮮 自立のために戦うべし

金玉均は再度、訪日しました。修信大使使節団に同行したのです。この使節団は、壬午事変における乱徒暴民の行動を謝《しゃ》し、改めて国交親善を期すための訪日使節団です。金玉均の盟友の朴《パク》泳孝《ヨンヒョ》が使節団の団長でした。明治一五（一八八二）年一〇月のことです。金玉均はこの訪日時にも、福澤によるさまざまな形での指導と支援の下で行動しました。福澤は金玉均等に国権の伸張の必要性を熱意を込めて説き、実際、この頃から数を増した朝鮮留学生の多くを慶應義塾に受け入れ、また留学生の一部を陸軍戸山学校に在学させて軍隊教練に就《つ》かせたりもしました。福澤は『時事新報』明治一五年九月八日の社説において、こういっています。

今朝鮮国をして我国と方向を一にし共に日新《にっしん》の文明に進ましめんとするには、大《おおい》に全国の人心を一変するの法に由《よ》らざる可《べか》らず。即ち文明の新事物を輸入せしむること是《これ》なり。海港修築す可《べ》し、灯台建設す可し、電信線を通じ、郵便法を設け、鉄道を敷き、汽船を運転し、

新学術の学校を興し、新聞紙を発行する等、一々枚挙《まいきょ》す可《べか》らず

福澤が金玉均に繰り返し説いたのは、このことにちがいありません。この時期、すでに記しましたように、清軍により大院君天津拘送があり、これを喜んだのが清国に「事大《じだい》」する閔《ミン》氏一族でした。事大というのは、「大に事《つか》える」ことを意味します。事大主義については後に記述します。閔氏一族の権勢により、開化派の影響力が翳《かげ》ってしまいました。福澤も焦燥《しょうそう》を感じたにちがいありません。『時事新報』明治一五年一二月七〜一二日付の社説「東洋の政略果《はた》して如何《いかん》せん」にこう記しました。

我《わが》東洋の政略は支那人の為《ため》に害《がい》しられたりと云《い》わざるを得ず。然《しか》ば則ち之《これ》に処するの法如《い》何《か》にして可《か》ならん。吾輩《わがはい》の所見に於《おい》ては唯《ただ》二法あるのみ。即ち退《しりぞい》て守《まもり》て我旧物を全《まっと》うするか、進《すすみ》て取《とり》て素志《そし》を達するか。今日の進退速《すみやか》に爰《ここ》に決心すること最も緊要《きんよう》なりと信ず

日本のアジア戦略は支那人によって阻止されたといわざるをえない。これに処する方法は何によって可能かといえば、選択肢は二つ、すなわち退却して（清韓宗属関係という）旧物に甘んじるか、前方に進んで（朝鮮自立という）素志を貫くか、そのどちらを選ぶべきか、速やかにこれを決することが目下の緊急課題である。

実際、壬午事変後の清国と朝鮮は清韓宗属関係というよりも、朝鮮が清軍によって制圧された植民地状態になってしまったといわざるをえません。

朝鮮に門下生を派す

朝鮮を案じる福澤は文筆のみならず、行動にも出ます。朴泳孝や金玉均らの修信使節団の帰国に際して、福澤は門下の牛場《うしば》卓蔵《たくぞう》と井上角五郎《いのうえかくごろう》の二人を朝鮮に同行させました。福澤は朝鮮政府に働きかけ、諸改革の顧問にさせようと考えて教え子をその随員として派したのです。牛場卓蔵への激励文「牛場卓蔵君朝鮮に行く」が『時事新報』明治一六（一八八三）年一月一一〜一三日付で連載されました。その一部を紹介してみましょう。福澤が牛場に何を期待していたのか、福澤の門下生に対する指導の姿勢がよくあらわれている文章でもあります。

> 行《ゆき》て彼《か》の開進《かいしん》の率先者《そっせんしゃ》と為《な》り、その士人《しじん》の俊英《しゅんえい》なる者を友としてその頑陋《がんろう》なる者を説き、之《これ》を激《げき》して之を怒《いか》らしめず、之を諭《さと》して之を辱《はずか》しめず、君の平生処世《しょせい》の技倆《ぎりょう》と学問の実力とを以《もっ》て、懇々《こんこん》之に近づき諄々《じゅんじゅん》之を教《おしゅ》ることあらば、之を開明に入《い》るゝ亦難《またかた》きに非《あら》ず。或《あるい》はその際に事《こと》の挙《こぞ》らずして堪《た》え難《がた》きこともあらんと雖《いえ》ども、我《わが》蘭学の先人が百余年前に辛苦《しんく》したる有様を想えば驚くに足《た》らず。……君も亦《また》朝鮮国に在《あり》て全《まった》く私心を去り、猥《みだり》に彼の政事に喙《くちばし》を容《い》れず、猥に彼の習慣を壌《ゆず》るを求めずして、唯《ただ》一貫《いっかん》の目的は君の平生学び得たる洋学の旨《むね》

を伝《つたえ》て、彼の上流の士人をして自《みず》から発明せしむるに在《あ》るのみ

牛場君、朝鮮に赴《おもむ》いて文明の推進者となり、指導者のうち才能と志において優れたる者を友とし、頑固で道理をわきまえない者を諭《さと》し、激して彼らの怒りを買ってはいけない。静かに説いて恥辱を与えることがあってはなりません。牛場君のつね日頃の交際のスキルと学問の実力をもって彼らに近づき、懇切丁寧に教化に努めるならば、朝鮮の指導者層を開明に導くことも難しいことではありません。しかし、ことがうまくいかずに、絶え難いこともありましょうけれども、日本の蘭学の先達が百余年以前に苦心惨憺したことを振り返れば、驚くほどのことではありません。……牛場君もまた朝鮮においては私心を捨て去り、朝鮮の政治の事には容喙《ようかい》することなく、朝鮮の習慣に妥協せず、君の唯一の目的は君がつねに学んできた西洋の学問の趣旨を伝授し、朝鮮の上流の士人にみずから考えさせることだと私は考えています。

しかし、牛場が朝鮮に着任したのは、開化派の力が大きく削《そ》がれていた時期でした。開化派は権勢を張る閔氏一族の圧力を受け、その力は地に落ちており、牛場は自分のなすべきことは何もないことを悟らされて、悄然《しょうぜん》帰国を余儀なくされます。しかし、牛場に同行した井上角五郎は福澤の指示により文明開化の必要性を説く『漢城旬報《かんじょうじゅんぽう》』の刊行を開始しました。これが軌道に乗ると、当初は漢文で印刷されていたこの新聞をハングル版の大衆紙として発刊しました。金玉均はこの井上を仲介者として福澤との間に暗号電信を作成し、福澤の指示を仰いでいたのです。

甲申事変　開化派の壊滅

東洋の攻略果して如何せん

壬午事変が失敗に帰した頃の福澤は、清国が強大な軍勢をもって朝鮮の支配権を強め、利権を独占し、日本の朝鮮への関与を排除しようとすることに怒りをあらわにします。この怒りの論説が明治一五（一八八二）年一二月七日から一二日まで『時事新報』に連載された「東洋の攻略果して如何せん」です。冒頭の「朝鮮の事変」というのは壬午事変のことです。

朝鮮の事変に際し、その前後支那人が朝鮮に接するの情況を察するに、韓人の固陋《ころう》不明なるを利して益《ますます》日本人を疑わしめんとし、我《わ》れより朝鮮に軍艦を遣《や》れば支那艦も亦共《またとも》に入港し、我《わ》れより兵士を上陸せしむれば支那兵も亦共に到《いた》り、或《あるい》は支那招商局の名義を以《もっ》て朝鮮政府に巨額の金を貸し、或は朝鮮内地の商売は支那人独《ひと》り之《これ》を専《もっぱら》にするの条約を結《むすび》て、両国の人民次第に相《あい》近づくの策を運《めぐ》らすが如《ごと》きは、畢竟《ひっきょう》支那人一種の筆法《ひっぽう》、所謂恩威《いわゆるおんい》を施《ほどこ》すものにし

て、韓人には恩を施《ほどこ》して之を懐《なつ》け、日本人に対しては嗚呼《おこ》がましくも誠に之を威《い》せんとするの心術ならん

壬午事変の前後に支那人が朝鮮にどのように接してきたのか、その状況を観察してみると、固陋不明な朝鮮人を利用して日本人への疑念をますます深めようとしていることがわかる。日本が朝鮮に軍艦を派遣すれば同時に支那も軍艦を朝鮮に送り、日本が兵士を朝鮮に上陸させれば、支那もすぐに同じことをやり、さらには支那招商局（清国最初の汽船会社）の名義で朝鮮政府に巨額の金を貸し、さらには朝鮮内地の商売は支那人のみに独占させるための条約を結び、両国の人民を相近づけようと策を講じるなど、これらは結局のところ支那人独特の方法であり、いわゆる恩威を施すものである。朝鮮には恩を売って彼らを手なずけ、日本人にはおこがましくも威圧をもって対応するという魂胆である。

福澤は朝鮮がこんな状況下では、日本のアジア戦略はとてもこれを打ち立てることはできないといって、日本も清国を圧する軍事力の増強に努めるべし、と論を進めます。

東洋の政略を進取《しんしゅ》と決断して、兵備の要用《ようよう》なるは特に喋々《ちょうちょう》の弁《べん》を須《ま》たず。吾人《ごじん》は固《もと》より好《このん》て兵を弄《もてあそ》ぶ者に非《あら》ず。忍ぶべきは十分に忍《しの》び、持重《じちょう》すべきは十二分に持重すること、敢《あえ》て他の忠告を須たずして自《みず》から知る者なりと雖《いえ》ども、その持重や自《おのず》から程度あり。例えば朝鮮の

関係に於《おい》ても、吾人は固《もと》よりその独立を妨げざるのみならず、常に之《これ》を助けんと欲すと雖《いえ》ども、支那人が頻《しき》りに韓廷《かんてい》の内治外交に干渉して、甚《はなは》だしきはその独立をも危《あやう》くするの勢《いきおい》に至るときは、吾人は日本国人の本分として支那人の干渉を干渉して之を抑制せざるべからず。即《すなわ》ち我《わが》兵備《へいび》を要するの一点なり。然《し》かもこの事《こと》たるや実に焦眉《しょうび》の急《きゅう》にして、一日を猶予《ゆうよ》すべき者に非ず

東洋への戦略をみずから選び取ると決断した以上、兵備を要することについては別に煩雑な議論をするまでのことはない。私は元来、好んで兵力に訴えようとする者ではない。忍ぶべきは十分に忍び、慎重になるべき時には慎重であり、別に他人の忠告を受けるまでもなくその程度のことはよく心得ている。しかし、慎重にも限度というものがある。朝鮮との関係についていえば、私は朝鮮の独立を妨げるつもりはさらさらない。いつでも朝鮮に助力の手を差し伸べようと考えている。しかし、支那人はしきりに朝鮮の朝廷の内政・外交に干渉し、はなはだしい場合には朝鮮の独立を危うくしかねない。そのような場合には私は日本人が本来尽くすべき勤めとして、支那人の干渉に対しては日本人としての対応をし、支那人の干渉を抑制しないわけにはいかない。つまり日本の軍事力が重要であること、この一点を忘れることはできない。しかも、軍事増強は緊急の課題であり、一日の猶予さえない。

壬午事変に際して清国が朝鮮半島に派した陸軍の暴力は凄まじいものであった。そのことから

類推するに、万が一、清軍が日本に攻め入った場合にはどうなるかを想像せよといって、福澤は次のように記述しています。

清国　日本に攻め入らば

難しい漢字がいくつか使われていますので、先に言葉の説明をします。「富津《ふっつ》の砲台」とは、現在の千葉県富津市にかつてあった堡塁《ほるい》砲台のこと、「横須賀の造船所」とは、明治政府が徳川幕府から引き継いだ造船所のことです。「霆《いかずち》」とは雷《かみなり》と同意、「豚尾《とんび》」とは清国兵の弁髪のこと、「侵掠分捕《しんりょうぶんとり》」とは「侵入して投げ飛ばし、人の首や物を奪い取る」こと、「怯者《きょうしゃ》」は臆病者、「惨刻《さんこく》」とは残酷とほぼ同意、「錦帛銭財《きんはくせんざい》」とは豪華な絹織物や財宝、「禍悪《かあく》」とは禍々《まがまが》しい悪業、といった意味です。これらの意味を知ったうえで以下の文章を読み下してみてはどうでしょうか。

無数の支那兵は……軍艦（支那の軍艦は西洋人を雇《やと》うて運用するもの多しと云《いう》）を以《もっ》て東京湾に闖入《ちんにゅう》し、難なく富津《ふっつ》の砲台を過ぎて先《ま》ず横須賀の造船所を荒らし、次《つい》で横浜より品川に入《いり》て東京市中を砲撃し、数十噸《トン》の砲声は霆《いかずち》の如《ごと》く、無数の霰弾《さんだん》は雨に似たり、百万の市民、七転八倒《しちてんばっとう》、仰《あおぎ》て天に呼び俯《ふ》して地に泣くのみ。豚尾《とんび》の兵隊は黒烟《こくえん》と共《とも》に上陸して、扨侵掠分捕《さてしんりょうぶんどり》の一段に至《いた》り、又恐るべきものあり。勝《かち》に乗じて乱暴を逞《たくまし》うするは必ず怯者《きょうしゃ》の事にして、多年来、外国兵と戦《たたかい》て常例《じょうれい》の如《ごと》くに敗走したる支那人が、千歳一遇、苟《いやしく》も日本人に打勝《うちかち》たりとあれば、その惨刻《さんこく》無情、想い見るべし。文明の戦法、固《もと》より彼等の知る所に非《あら》ず、掠奪《りゃくだつ》に私有官有の別あるべからず、婦女を辱《はず》かしめ、錦帛銭財《きんはくせんざい》を奪い、老幼を殺し、家屋を焼き、凡《およ》そ人類想像の及ぶ限りは、禍悪《かあく》至らざる所《ところ》なかるべし

無数の支那兵が……軍艦（支那の軍艦は西洋人を雇って運用しているものが多いという）をもって東京湾に通告もなく侵入し、富津の砲台あたりを難なく通り、横須賀造船所を破壊し、次いで横浜を経て品川に入り、東京市中を砲撃し、数十トンの砲声の雷鳴を響かせ、無数の散弾を雨のように降り注ぎ、百万市民は、七転八倒、天を仰ぎ、地に伏して泣き叫ぶのみ。弁髪の清国兵が鉄砲の黒煙とともに侵入し、人々の首や物を分捕ること一段と激しく、その恐ろしさには想像を絶するものがある。勝に乗じて乱暴いよいよ激しくするのは、臆病者のつねであり、多年来、外国兵と戦ってはいつも敗けてばかりの支那人が、千載一遇、万が一にも日本人に勝ったということになれば、彼らの残酷無情このうえないことは、想像しておいた方がいい。文明の戦法などというものを彼らはまるで知らず、掠奪に私有物と官有物の区別はなく、婦女を凌辱し、豪華なものや財宝を奪い、幼児や老人までも殺害し、家屋に火をつけ、およそ人間の想像できるすべての禍悪を働いてとどまるところを知らない。

外国人と戦って敗れてばかりしてきた支那人が勝利した場合の残酷なさまは想像を絶するものがあろう、といった指摘が実に刺激的です。あたかも戦いのシーンを語る講談の名調子を聴かさ

れているがごとくです。

東洋の攻略の牛耳《ぎゅうじ》を執《と》る者は北京なり

すでに触れたことですが、明治七（一八七四）年に板垣退助らによって「民撰議院設立建白書」が提出されて国会開設運動が全国的な広がりをみせ、明治一四（一八八一）年一〇月には、明治二三（一八九〇）年をもって国会を開設するという詔勅が出されておりました。しかし、壬午事変において日本軍は清軍のはるか後塵を拝し、朝鮮の支配を清国に委ねてしまったことに鑑み、福澤は目下の日本の最重要課題は、国会開設の成否ではなく、朝鮮問題の解決によって日本の国権を拡張することにある、といって次のような論陣を張ります。

吾人《ごじん》が平生より対等と云《い》わるゝも聊《いささ》か不面目《ふめんぼく》に思いし所の支那人にまで先鞭《せんべん》を着《つ》けられて、東洋の政略に牛耳《ぎゅうじ》を執《と》る者は北京の政府なりと云うが如《ごと》き奇観《きかん》を呈することもあらん。我輩の最も楽しまざる所なり。畢竟《ひっきょう》国会を開設せんとするも、その目的は内政を整理し外交を処《しょ》して、結局は我《わが》日本の国権を拡張せんとするものより外《ほか》ならざるべし。然《しか》るに、その最大の目的たる国権をば、今後八年のその間に萎靡《いび》せしめて、然《しか》る後に始めて国会を開くも、既《すで》に素志《そし》に齟齬《そご》したるものと云《い》うべし

われわれ日本人が支那人と対等な存在だと思われてしまうのはまことに不名誉なことだが、

この支那人に、朝鮮半島で先鞭《せんべん》をつけられてしまったのだから、アジア戦略の支配権を握る者が北京政府になってしまうという奇妙な事態に陥ることは大いにありえよう。私の最も好まない事態である。国会を開設するそもそもの目的は、内政を整え外交に処して、わが日本の国権を外に向けて拡張することにほかならない。しかし、この最重要の課題であるところの国権が国会開設までの八年間に萎《な》えてしまい、そうなってから後で国会を開いたところで、もう本来の意図を貫こうにもそうはいかなくなってしまうのではないか。

開化派新政府の樹立

福澤は金玉均に「退《しりぞき》て守《まもり》て我《わが》旧物を全《まっと》うするか、進《すすみ》て取《とり》て素志《そし》を達するか」といって開化派の決起を促したのです。帰国した金玉均はクーデター計画を練ります。明治一七（一八八四）年一二月四日、郵政局開局を祝する宴が同局で開かれ、これに集まる守旧派の政府要人を殺害、直後に開化派官僚による新政府を樹立しようというクーデター計画です。後に「甲申事変《こうしんじへん》」といわれるものがこのクーデターです。祝宴にはアメリカ公使、イギリス領事、清国領事、日本公使館書記官、メレンドルフなどの外国人に加えて、開化派官僚としては金玉均、朴泳孝など、事大党官僚としては閔泳翊《ミンヨンギク》、李祖淵《イジョヨン》、韓圭稷《ハンギュジク》などが集まりました。

開化派が宴《えん》たけなわとなったところで郵政局に近い別宮に放火し、これをクーデターの烽火《のろし》として、同志四〇数名、日本兵三〇名で守旧派官僚を一網打尽にしようという計画でした。別宮には火がついたものの、駆けつけた警官の手によって鎮火。放火失敗の報《しら》せを宴会中に密かに受けた金玉均は、直ちに別宮の隣の建物への放火を命じました。今度は首尾よく火の手があがり、城外より火事発生を叫喚《きょうかん》する声が響きました。閔泳翊が戸外に飛び出したものの、会場の外にいた日本人壮士によって斬りつけられ、鮮血をほとばしらせて宴会場にもどってきたのです。

閔泳翊が血に染まる姿をみて、宴会場は騒然となり、参加者は周章狼狽《しゅうしょうろうばい》、場外に逃げ去りました。金玉均、朴泳孝は、この事態により竹添進一郎《たけぞえ》公使が変心して事前に打ち合わせておいた計画が崩れてしまうことを恐れ、改めて日本兵の出動を促すべく日本公使館に急行しました。金玉均は竹添公使の変心なしとの心証を得て、同志と日本兵を王宮金虎門《クモムン》に走らせました。金玉均は王宮に入り国王に郵政局内の乱事について報告、暴徒が王宮正殿に迫り国王の安寧が危ういため、日本公使館に国王をかくまうよう竹添公使を説き、同意を得ました。かくするうちに守旧派官僚のほとんどが、郵政局宴席に出席していた有力官僚ともども王宮に参集してきたのです。これを好機と見立てた開化派は、日本兵、日本人壮士ともども守旧派六大官僚をその場で殺害。ここにクーデターはひとまず成功したという次第です。

新政府は、翌一二月五日の未明、国王の裁可を経て樹立されました。開化派官僚が内閣の中枢を占めたのはいうまでもありません。同日、朝八時、開化派は各国領事の参内《さんだい》を得て、新政府樹立の旨を伝達。新政令は一五項目にわたりますが、最初の三つがポイントでした。一つは、清国に拉致《らち》されている大院君をほどなく帰国させたうえで、開化派が清国から自立した存在となったことを明言、二つは、清国への朝貢《ちょうこう》を廃して清韓宗属関係の廃棄を宣言、三つは、門地門閥制度の旧弊を廃止して近代的人材登用の制度を実現するという決意表明、この三つでした。第三項目は「門閥を廃止し、人民平等の権を制定し、才を以《もっ》て官を選び、官を以て人用《もち》ゆることなきこと」であり、表現にまで福澤の強い意思が反映されているかにみえます。

しかしその後、事態は開化派にとって困難をきわめるものとなりました。袁世凱率いる大量の清軍によって開化派は蹴散らされ、金玉均は生き延びた盟友とともに仁川港に停泊中の郵船会社汽船「千歳丸」に乗って逃れざるをえなかったのです。

敗走

福澤が開化派をいかに助力したかを語る一つのエピソードがあります。福澤を助けて終始『時事新報』とともにあった石河幹明《いしかわみきあき》の『福澤諭吉傳』(第四巻、岩波書店)には以下のような記述があります。

先生自身の記録もなく又往復文書の残つてゐるものもないが、井上は現に先生との通信のことに当《あた》つてゐて、其《その》いふところに拠《よ》ると、先生と金玉均と井上(角五郎)と三人の間に於ける電信の暗号を持つてをり、又事変の発する前に飯田三治をして横浜の商人の名を以《もっ》て数十口の日本刀を井上の手許に送らしめた等の事実は、先生がいかに此《この》事件に関係の深かつたか

を証するに足るものである

文中に飯田三治とありますが、福澤のもとで朝鮮人留学生の日本語教育や生活の世話などをしていた人物のようです。

千歳丸は明治一七（一八八四）年一二月一一日に仁川を出港、一三日に長崎に入港。金玉均は朴泳孝とともに一二月末に上京、まずは福澤邸を訪れてここに落ち着きました。落魄《らくはく》の身と変わり果てて福澤邸に現れた金玉均らに、福澤は「よく生きていた」といい、金玉均、朴泳孝は涙して福澤を仰ぎみるのみであった、と伝えられます。

その後、朝鮮政府は、外国人顧問として清国に招聘《しょうへい》されていたドイツの外交官メレンドルフを日本に派し、金玉均の引き渡し交渉に望ませたりもしましたが、福澤は金、朴らを守りつづけます。金玉均は朝鮮が送った刺客《しかく》により上海で殺害されるまでの一〇年余を東京、札幌、小笠原などで過ごしたのです。

甲申事変に敗れた金玉均が日本に逃亡して約一年後の明治一八（一八八五）年の一一月、清国の支援を受けて跋扈《ばっこ》する事大党官僚を排除しようと、金玉均を担いで朝鮮政府の転覆を狙う計画が日本で企図されたことがあります。自由党急進派の大井憲太郎《けんたろう》を首謀者とし一三〇余名の急進派が集い、武器、弾薬を用意して渡航の準備を進めたものの、内部分裂のために事件が事前に発覚して全員が逮捕されたという事件です。「大阪事件」と呼ばれています。金玉均が日本の艦船に乗り、一〇〇人を超える壮士をしたがえて対馬《つしま》海峡を渡るという報が伝えられ、漢城は一時騒然となったと伝えられています。

第6章

脱亜論への道——主義とする所は唯脱亜の二字に存るのみ

時事新報

『時事新報』明治18年3月16日付

甲申事変と脱亜論

人間娑婆世界

甲申事変の首謀者、開化派に対する刑罰は、日本人には到底信じられないほどに残虐なものでした。同志の五名が「謀反大逆不道《むほんたいぎゃくぶどう》」の罪により死刑に処せられ、日本に逃れた者以外のリーダー二名は「謀反不道」の罪により斬首刑《ざんしゅけい》とされ、その家族は奴婢《ぬひ》（「奴」は男の奴隷、「婢」は女の奴隷）となったのです。

古来、中国には「族誅《ぞくちゅう》」という考え方があり、重罪を犯した者は本人だけではなく、一族もこれを処刑の対象とするというものです。三族、場合によっては九族への刑罰といった信じ難いような習俗さえもあったのです。中国の習俗にならう朝鮮でも事情は同じだったようです。甲申事変による開化派へのこの凄惨《せいさん》な極刑に、怒り心頭に発した福澤が明治一八（一八八五）年二月二三日、二九日付『時事新報』に「朝鮮獨立党の處刑」のことを、次のように述べております。

人間娑婆《しゃば》世界の地獄は朝鮮の京城に出現したり。我輩は此国《このくに》を目《もく》して野蛮と評せんよりも、寧《むし》ろ妖魔悪鬼《ようまあっき》の地獄国と云《い》はんと欲する者なり。而して此地獄国の当局者は誰《たそ》ぞと尋《たずぬ》るに、事大党政府の官吏にして、其後見《そのこうけん》の実力を有する者は則《すなわ》ち支那人なり。我輩は千里遠隔《えんかく》の隣国に居り、固《もと》より其国事に縁なき者なれども、此事情を聞いて唯《ただ》悲哀に堪《た》へず、今この文を草するにも涙落ちて原稿紙を潤《うる》ほすを覚《おぼ》へざるなり。事大党の人々は能《よ》くも忍《しの》んで此無情の事《こと》を為《な》し、能くも忍んで其刑場に臨監《りんかん》したるものなり

四苦八苦の耐え難い地獄世界が朝鮮の京城に出現した。私はこの国の現状をみて、野蛮などというよりは、むしろ妖怪《ようかい》や悪鬼《あっき》の世界だといわざるをえない。この地獄国の当事者は誰かといえば、もちろん事大党の官僚だけれども、その後見人として大きな実力をもっているのは支那人に他ならない。私ははるか遠方の隣国にあって、もとよりその国事に縁のない者であるが、かかる事情を聞くに及んでひたすらの悲哀が心を満たすばかりである。現在、この文章を草している間にも、涙落ちて原稿用紙を濁しかねない思いである。事大党の官僚はよくもこのように無情なことをやり、よくも刑場にまで独立党の首謀者を引きまわしたりしたものである。

これでは「人間娑婆世界の地獄」ではないか。野蛮というより妖怪《ようかい》や悪鬼《あっき》の世界というべきである。この地獄をつくりだした当局者は事大党の官僚たちだが、その後見人はまぎれもなく支那人である。よくも事大派はこれほどの非情のことをなし、刑場に臨んで刑執行をやったものだ。

その残忍なやり口にただぞっとし、身をふるわすばかりであるといっています。「脱亜論」執筆の直接のきっかけが、甲申事変の当事者に対するこの冷酷無比な対処にあったことはまちがいありません。この論説が明治一八（一八八五）年二月二六日、「脱亜論」の発表はその二〇日後の三月一六日のことです。

文明は猶麻疹《なおはしか》の如し

福澤の名文の中でも、一段ときわだった名文が「脱亜論」です。それほど長くはない論説です。ここまで付き合ってくださった読者であれば、読み下すことが可能だとは思います。五つのパラグラフに分け、それぞれを掲載し、その後に私の現代語訳を付しておきますので、ぜひご一緒に、まずは原文を読んでみませんか。

世界交通の道、便《びん》にして、西洋文明の風《かぜ》、東に漸《ぜん》し、到《いた》る処《ところ》、草も木もこの風に靡《なび》かざるはなし。蓋《けだ》し西洋の人物、古今《こきん》に大《おおい》に異《ことな》るに非《あら》ずと雖《いえ》ども、その挙動《きょどう》の古《いにしえ》に遅鈍《ちどん》にして今に活溌《かっぱつ》なるは、唯《ただ》交通の利器《りき》を利用して勢《いきおい》に乗ずるが故のみ。故に方今《ほうこん》東洋に国《くに》するもの、為《ため》に謀《はか》るに、この文明東漸《とうぜん》の勢《いきおい》に激して之《これ》を防ぎ了《おわ》るべきの覚悟あれば則《すなわ》ち可《か》なりと雖ども、苟《いやしく》も世界中の現状を視察して事実に不可なるを知らん者は、世と推《お》し移りて共《とも》に文明の海に浮沈し、共に文明の波を揚《あ》げて共に文明の苦楽を与《とも》にするの外《ほか》あるべからざるなり。文明は猶《なお》麻疹《はしか》の流行の如《ごと》し。目下《もっか》東京の麻疹は西国長崎の地方より東漸して、春暖《しゅんだん》と共に次第に蔓《まん》延《えん》する者の如し。この時の当《あた》りこの流行病の害を悪《にくみ》て之を防がんとするも、果《はた》してその手段あるべきや。我輩《わがはい》断じてその術なきを証《しょう》す。有害一偏《いっぺん》の流行病にても尚且《なおかつ》その勢には激すべからず。況《いわん》や利害相伴《あいともな》うて常に利益多き文明に於《おい》てをや。啻《ただ》に之《これ》を防がざるのみならず、力《つと》めてその蔓延《まんえん》を助け、国民をして早くその気風に浴せしむるは智者の事《こと》なるべし

現在、世界の交通は便利となり、西洋文明の風は東洋にも吹いてきており、草も木もすべてが西洋の風になびいている。西洋の人物も昔と現在とでそれほどの変わりがあるわけではないのに、かつては遅鈍《ちどん》であった彼らの立ち居振る舞いが、いまでは随分と活発になっている。それは要するに発達した交通の手段を利用して彼らの勢力が増大しているからであり、それ以外の理由はない。現在東洋の国には、西洋文明が東洋に向かう勢いに抗してその勢いから自分を守りうると考える者がいるかもしれないが、世界の現状をよく知る者であれば、そんなことは不可能なことだと理解するはずであり、文明化は結局は東洋の国のためのものでもあることを知らねばならない。世は移り変わっているのだから、西洋文明とともに文明の海に浮き沈み、文明の波をあげて進み、西洋文明と苦楽をともにするより他に生きていく道があるとは思われない。文明はまるで麻疹《はしか》の流行のようなものである。現在、東京で発症している麻疹は長崎から東方に向かってきたものであり、春になるや一挙に蔓延する勢いをもって感染の範囲を広げるにちがいない。こんな時に麻疹にかかるまいと、防御を固めようにも、そんな手段はまった

くないことを私はよく知っている。麻疹はひたすら有害な流行病ではあるが、その感染の勢いをとめることなどできはしない。ましてや、文明というものは利益と損害ともどもに伴うものであり、むしろ利益の方が多いのだから、やみくもに文明の侵入を防ごうとするのではなく、むしろその蔓延するにまかせ、いちはやく国民に文明の気風を一身に浴びさせるよう努めることが智者のなすべき任務である。

西洋近時《きんじ》の文明が我《わが》日本に入りたるは嘉永《かえい》の開国を発端として、国民漸《ようや》くその採《と》るべきを知り、漸次《ぜんじ》に活溌の気風を催《もよ》うしたれども、進歩の道に横たわるに古風老大《ろうだい》の政府なるものありて、之を如何《いかん》ともすべからず。政府を保存せんか、文明は決して入《い》るべからず。如何《いかん》となれば近時の文明は日本の旧套《きゅうとう》と両立すべからずして、旧套を脱すれば同時に政府も亦廃滅《またはいめつ》すべければなり。然《しから》ば則《すなわ》ち文明を防《ふせ》ぎてその侵入を止《とど》めんか、日本国は独立すべからず。如何《いかん》となれば世界文明の喧嘩繁劇《はんげき》は東洋孤島の独睡《どくすい》を許さゞればなり。是《ここ》に於《おい》てか我日本の士人は国を重しとし政府を軽しとするの大義に基《もとづ》き、又幸《さいわい》に帝室の神聖尊厳に依頼して、断じて旧政府を倒して新政府を立て、国中朝野《ちょうや》の別なく一切万事、西洋近時の文明を採り、独り日本の旧套を脱したるのみならず、亜細亜《アジア》全洲の中に在《あり》て新《あらた》に一機軸を出し、主義とする所は唯《ただ》脱亜の二字に在《あ》るのみ

西洋文明がわが日本に入ってきたのは、嘉永の開国の時であり、これを発端として国民は西

洋文明を採用すべきことをようやくにして悟り、活発なる気風を次第に養ってきた。かつては旧社会の思想に長らく染まってきた政府が存在していて、いかんともし難いものがあった。この政府を旧来のままにしておこうとすれば文明はこれを取り入れることはできない。なぜならば、西洋文明は日本の古くからのしきたりとは両立しないものであり、旧套から脱するためには旧政府はこれを廃絶するより他ない。つまり文明の侵入を防ごうとすれば日本が独立することはできなかったはずである。というのも、騒乱激しい世界の文明は、日本が西洋から遠く離れた東洋の孤島にあるからといって、そこで惰眠《だみん》をつづけることを許さなかったからである。ここにおいてわが日本の士人は国家が重要であって、これに比べれば政府は軽い存在であるとする大義にもとづき、また幸いにも帝室が神聖尊厳であるという観念が存在していたので、これに依拠して旧政府を倒し天皇中心の新政府を樹立することができた。日本国中、朝廷といわず庶民といわずすべての者がことごとく西洋の文明を採用し、アジアの中にあって日本のみが旧套を脱し、ひとり新機軸を打ちたてることに成功したのである。日本が主義として擁しているものは、脱亜の二字に他ならない。

古風旧套に恋々する支那朝鮮

このように主張して、第三のパラグラフに入ります。日本は脱亜に成功したのだが、支那、朝鮮にはそれが不可能であった理由について、それは「旧套」に恋々としそれに自縄《じじょう》されていたからだといかにも福澤らしい文体でつづっていきます。

我《わが》日本の国土は亜細亜の東辺に在りと雖《いえ》ども、その国民の精神は既《すで》に亜細亜の固陋《ころう》を脱して西洋の文明に移りたり。然《しか》るに爰《ここ》に不幸なるは近隣に国あり、一を支那と云《い》い、一を朝鮮と云《い》う。この二国の人民も古来、亜細亜流の政教《せいきょう》風俗に養《やしな》わる、こと、我日本国民に異《こと》ならずと雖《いえ》ども、その人種の由来を殊《こと》にするか、但《ただ》しは同様の政教風俗中に居ながらも遺伝教育の旨《むね》に同じからざる所のものあるか、日支韓三国相対《あいたい》し、支《し》と韓《かん》と相似るの状《じょう》は支韓の日に於《お》けるよりも近くして、この二国の者共《ものども》は一身に就《つ》き又一国に関して改進の道を知らず、交通至便の世の中に文明の事物を聞見《ぶんけん》せざるに非《あら》ざれども、耳目《じもく》の聞見は以《もっ》て心を動かすに足らずして、その古風旧慣に恋々《れんれん》するの情は百千年の古《いにしえ》に異ならず、この文明日新の活劇場《かつげきじょう》に教育の事を論ずれば儒教主義と云い、学校の教旨《きょうし》は仁義礼智《じんぎれいち》と称し、一より十に至るまで外見の虚飾《きょしょく》のみを事として、その実際に於《お》ては真理原則の知見《ちけん》なきのみか、道徳さえ地を払《はろ》うて残刻不廉恥《ざんこくふれんち》を極《きわ》め、尚傲然《なおごうぜん》として自省の念なき者の如《ごと》し

わが日本の国土はアジアの東端にありながらも、国民の精神はすでにアジアに伝わる古くからの形式や慣習を脱して西洋文明を受容するにいたった。他方、近隣に不幸なる国があり、その一つが支那、もう一つが朝鮮に他ならない。この二国の国民も昔からアジアに固有な政治や宗教、風習によって養われてきたという点においては、日本の国民とさして異なるところはな

いが、人種の起源が異なるためなのか、それとも政教風俗は同様でありながらも遺伝的要因や教育上のちがいがあるからだろうか、日本、支那、朝鮮の三国は異質的である。しかし支那と朝鮮は、両国と日本に比べて相似る状態にあるといっていい。この二国の人々は自分一人についても一国のことについても、古いものを改め進歩させる方法を知らない。交通至便の現在であるからには、二国の人々も文明の事物について見聞していないはずもないが、耳に聞き目で見るだけではその心を働かすことはない。百千年以前の旧《ふる》い習慣への未練をどうしても捨てることができず、文明が日に日に新しくなっていくこのダイナミックな変化の場に立ちながら、教育のことを語れば儒教主義としかいわず、学校教育の中心は仁義礼智《じんぎれいち》の四徳にあるといい、万事外見を虚飾するのみを事として、物事の真理や原則についての知恵と見識がまるでなく、道徳さえも地に落ち、人を痛く苦しめて恥知らずを平然と極め、それでいておごり高ぶるばかり、自省の念がまったくない。

第四パラグラフに入ります。

我輩を以《もっ》てこの二国を視《み》れば、今の文明東漸《とうぜん》の風潮に際し、迚《とて》もその独立を維持するの道あるべからず。幸《さいわい》にしてその国中に志士の出現して、先《ま》ず国事開進の手始めとして、大《おお》にその政府を改革すること我《わが》維新の如き大挙《たいきょ》を企《くわだ》て、先《ま》ず政治を改めて共《とも》に人心を一新するが如《ごと》き活動あらば格別なれども、若《も》しも然《しか》らざるに於《おい》ては、今より数年を出《い》でずして亡国と為《な》り、その国土は世界文明諸国の分割に帰すべきこと一点の疑《うたがい》あることなし。如何《いかん》となれば麻疹《はしか》に等しき文明開化の流行に遭《あ》いながら、支韓両国はその伝染の天然に背《そむ》き、無理に之《これ》を避けんとして一室内に閉居《へいきょ》し、空気の流通を絶て窒塞《ちっそく》するものなればなり

私からこの二国をみれば、現在の文明が東洋に向かう時代潮流の中にあってなおその独立を維持する道をみつけることができないでいる。国の中に志士が現われて国内政治の開化進歩に着手し、日本の明治維新のようにその政府を改革するという大事業を企図《きと》し、まずは政治改革に乗り出して日本と一緒になって人心を一新しようという運動でも起これば話は別だが、そのようなこともできないのであれば、これから数年のうちに亡国となり、国土も文明諸国による分割を余儀なくされることはまずまちがいない。文明開化がまるで麻疹のように流行しているにもかかわらず、支那、朝鮮の二国は麻疹の伝染という自然現象から目を背け、無理を承知で文明化を避けようとして一室内に閉じこもり、空気の流れを遮断し窒息《ちっそく》しようとしているがごとくである。

隣国の開明を待て共に亜細亜を興すの猶予あるべからず

つづいて第五パラグラフに入ります。日本がこのような支那、朝鮮と同類の国とみなされてしまえば、日本にとっての外交上の齟齬《そご》ははかり知れない。支那、朝鮮と一緒になって文明化を図

ることなど不可能であるからには、彼らとは別の道を歩むより他なし、と論を進めます。

輔車脣歯《ほしゃしんし》とは隣国相《あい》助くるの喩《たとえ》なれども、今の支那、朝鮮は我《わが》日本国のために一毫《いちごう》の援助と為《な》らざるのみならず、西洋文明人の眼を以《もっ》てすれば、三国の地利相接《ちりあいせつ》するが為《ため》に、時に或《あるい》は之《これ》を同一視し、支韓《しかん》を評するの価《か》を以《もっ》て我日本に命ずるの意味なきに非《あら》ず。例えば支那、朝鮮の政府が古風の専制にして法律の恃《たの》むべきものあらざれば、西洋の人は日本も亦《また》無法律の国かと疑い、支那、朝鮮の士人が惑溺《わくでき》深くして科学の何ものたるを知らざれば、西洋の学者は日本も亦陰陽五行《いんようごぎょう》の国かと思い、支那人が卑屈にして恥を知らざれば、日本人の義侠《ぎきょう》も之がために掩《おお》われ、朝鮮国に人を刑《けい》するの惨酷《さんこく》なるあれば、日本人も亦共《とも》に無情なるかと推《すい》量《りょう》せらるゝが如《ごと》き、是等《これら》の事例を計《かぞう》れば枚挙《まいきょ》に遑《いとま》あらず。之を喩《たと》えばこの隣軒《りんけん》を並べたる一村一町内の者共《ものども》が、愚にして無法にして然《し》かも残忍《ざんにん》無情なるときは、稀《まれ》にその町村内の一家人が正当の人事《じんじ》に注意するも、他の醜《しゅう》に掩《おお》われて堙没《いんぼつ》するものに異《こと》ならず。その影響の事実に現われて、間接に我外交上の故障を成すことは実に少々ならず、我日本国の一大不幸と云《い》うべし。左《さ》れば今日の謀《はかりごと》を為《な》すに、我国は隣国の開明を待《まっ》て共《とも》に亜細亜《アジア》を興《おこ》すの猶予《ゆうよ》あるべからず、寧《むし》ろ、その伍《ご》を脱して西洋の文明国と進退《しんだい》を共にし、その支那、朝鮮に接するの法《ほう》も隣国なるが故にとて特別の会釈《えしゃく》に及ばず、正《まさ》に西洋人が之に接するの風《ふう》に従て処分すべきのみ。悪友を親しむ者は共に悪名を免《まぬ》かるべからず。我《わ》れは心に於《おい》て亜細亜東方の悪友を謝

絶するものなり

隣国が相互に助け合うというのは、人間の頬骨と下顎《あご》、唇《くちびる》と歯の関係のようなものだが、現在の支那、朝鮮は日本のために細い一本の毛筋ほどの役にも立たない。のみならず西洋の文明人の目からすれば、三国は地理的に相接しているために、これを同一視し、支那、朝鮮を評価する基準をもって日本をも評価するにちがいない。例えば、支那、朝鮮の政府は古来からの専制政治をつづけ法律を重んじることはないのだが、西洋人は日本もまた同様に法律なきがごとき国かと疑うであろう。また支那、朝鮮の士人が旧習に深く惑わされ科学的思考ができないことを西洋人が知れば、彼らは日本もまた陰陽五行思想を奉じる国かと考えてしまうであろう。支那人が卑屈で恥知らずな人間であることを西洋人が知れば、日本人が正義を重んじ、強きをくじき弱きを助ける義侠の心をもった存在であることに思いが及ばないであろう。朝鮮の刑罰は惨酷きわまりないものだが、日本人もまた無情の民かと推し量られてしまうといったふうに、これらの事例をあげていったら切りというものがない。これは喩《たと》えていえば、軒を並べる近隣の一村一町の人達が愚か者かつ無法、残忍無情なふるまいに出た場合、稀ではあるがその町村内の一人が人間が行う正しい道を論そうとしても、彼の行動は町村住民全体の醜悪な態度に隠されて外にはみえないのと同じようなことである。こうしたことが現実に起こっており、日本の外交に支障をきたしている例はまことに多い。日本の一大不幸というべきである。ならば、日本の戦略をまっとうなものにするには、隣国が開明するまで待ってアジアを興すだけの余裕は日本にはないというべきである。むしろ支那、朝鮮の伍列から抜け出し西洋の文明国と身の振り方をともにして、支那、朝鮮と交際する方法も、この二国が隣国であるからといって特別のやり方は必要ではない。西洋人が支那、朝鮮に接するようなやり方にしたがって事に処することにしたい。私は少なくともその心中において、アジア東方の悪友とは交友を絶ちたいと考えている。

文章をそのままたどっていくと、相当に激しい言説がストレートに表現されているようにみえます。これには、一つには、福澤自身がすでにいくつか引用した他の文章でもそうであったように、自己の主張を誤りなく伝えるために、婉曲《えんきょく》な表現を好まず、逆にとかく誇張してものごとを記述するという文章上の性癖があったということ、二つには、甲申事変に際して朝鮮政府が行った、福澤の想像を大きく超える余りに残虐な開化派への弾圧に憤《ふん》怒《ぬ》の情を胸中に満たしていたこと、これが直接の原因でありましょう。

特にパラグラフの最後、「西洋の文明国と進退を共にし、その支那、朝鮮に接するの法も隣国なるが故にとて特別の会釈に及ばず、正に西洋人が之に接するの風に従て処分すべきのみ。悪友を親しむ者は共に悪名を免るべからず。我れは心に於て亜細亜東方の悪友を謝絶するものなり」の文面の激しさは、実に圧倒的です。この部分だけを取り上げてみれば、あたかも福澤が侵略主義的な思想の持ち主ではないかと思われるほどです。

しかし、どんなに穏やかな者でも、人間であれば時に激憤《げきふん》に駆られることがあります。冷静なる福澤とても例外ではありません。心から期待していた朝鮮開化派のクーデターが脆《もろ》くも崩れ開化派の多くの指導者が刑場の露と消えてしまったという事実に落胆し、この落胆が朝鮮政府指導部に対する憤怒に変わったとしても、人間としてはそれほど不思議なことではありません。憤怒をあらわしたからといって、開化派支援がクーデターの失敗からわずか三カ月後に侵略主義へと変じてしまうほどにその思想が浅薄なものであったとは到底考えられません。

むしろ朝鮮は開化派のクーデター一つによって変わるほど簡単な隣国ではない、これを機に朝鮮開化派への心情的な思い込みはやめ、西洋人が考えているようなパワーポリティクスの論理にめざめて、朝鮮にも対処していこう、そういうある種の自省を、この文章の中に読んだ方がいいと私は考えます。「処分」とは穏やかではありませんが、せいぜい「対応」と読むのが正しいのではないでしょうか。「我れは心に於て亜細亜東方の悪友を謝絶するものなり」ですが、あくまで「心に於て」です。あれほどまでに熱い心根《こころね》と義侠心をもって接してきた開化派の敗北、開化派への信じられないほどの極刑をやった朝鮮とはもうしばらくは付き合えない、少なくとも「心に於て」つまりは心情においては謝絶したい、と福澤が考えたのも無理はないと私は思うのです。

そして福澤がそう考えたもう一つの理由は、「悪友を親しむ者は共に悪友を免かるべからず」、つまり日本が悪友と付き合っているならば西洋人からも日本もまた悪友と同程度の国だとみられかねないからだ、といっているではありませんか。

脱亜論の最後を、福澤の侵略主義だとか朝鮮謝絶論だと読むのは少々読み込みすぎです。そういう読み方は、そのように読み込みたい福澤批判者の福澤像の投影にすぎないものだと私には思えます。

事実、福澤は「脱亜論」の執筆後も朝鮮との「謝絶」などはしていません。なお朝鮮論を繋く書きつづけます。しかし、帝国主義時代の暴力的なパワーポリティクスの波が極東のこの地まで深く及んできたことはまぎれもありません。以降の福澤の朝鮮論には、このパワーポリティクスの論理が次第に入り込んできているようにみえます。そしてその果てに、日清戦争にいたる福澤の論理が構成されていくのです。

絶望朝鮮

ロシアの南下政策と巨文島事件

「脱亜論」の執筆が明治一八（一八八五）年三月一六日、その一カ月後にイギリス艦隊が朝鮮の巨文島《コムンド》を占領するという事件が起こります。「巨文島事件」と呼ばれています。朝鮮半島は地図をごらんになればわかりますが、その南端は実に多くの島々からなる多島海です。最南端に位置し、全羅南道《チョルラナムド》に属する三つの島が巨文島です。この時期、ロシアの南下政策は勢いを増しており、アフガニスタン軍と衝突したりしておりました。他方、アジアへの進出を加速させるイギリスは、ロシアの南下を食いとめようとウラジオストク攻撃の意を固め、朝鮮への通告もないまま巨文島の占領にいたった、というのがことの次第です。イギリスの巨文島占領は、万国公法の明らかな侵犯《しんぱん》です。しかし、この力の論理を変えるものは当時何もなかったことを福澤は知っています。何よりも、壬午事変、甲申事変を経て清国の属国と化していた朝鮮には、イギリスによる通告なしの巨文島占領に抗する力はまったくなかったのです。

巨文島事件は、むしろ日本にみずからの地政学的な位置を知らしめた事件でした。脅威は、イギリスよりもロシアの南下政策でした。日本は、このロシアの南下政策に対抗するには、一つには、ロシア以上の軍事力をもつイギリスに期待すると同時に、二つには、清国とは対立よりは協調路線を取った方がいい、という判断に傾いていったのです。当時の日本の軍事力、とりわけ海軍力は清国に対抗するほどのものではありませんでした。実際、明治一九（一八八六）年八月一五日には、清国は丁汝昌《ていじょしょう》提督率いる「定遠《ていえん》」「鎮遠《ちんえん》」「威遠《いえん》」「済遠《さいえん》」などの艦船を長崎に停泊させて日本を威嚇、清国水兵が長崎に上陸して狼藉《ろうぜき》を働き、日本側に死傷者を出して日本の世論を激昂させたものの、特段の咎《とが》めもなく清国艦隊を帰国させるという屈辱に甘んじざるをえなかったのです。それほどまでに両者の軍事力には大きな差があったのです。かの「長崎事件」のことです。

天津条約

明治一八（一八八五）年四月一八日には、天津条約が締結されました。明治一七（一八八四）年の甲申事変に際して高まった日清間の緊張を解き、事変の事後処理をするための条約です。天津条約の締結は、清国に対抗できる軍事力が薄いために、日本には外交によってことを収めるしか方法がなかったことを意味します。

ここで当時の日清関係を知っていただくために、少し回り道をさせてもらいます。天津条約を結ばざるをえなかったのは日本の弱さのあらわれではありましたが、外交交渉における重大な「ポイント」をこの条約で得たこと、このポイントが後の日清戦争開戦に際して日本に大義名分を与えることになったこと、についてです。

朝鮮と並んでもう一つ、清国と宗属関係にあったのがベトナムです。このベトナムがフランスによる侵略を受け、これに抗して清国軍がベトナムに出兵し、清仏戦争が勃発しました。明治一七（一八八四）年八月二九日のことです。これをチャンスとして日本は天津条約の締結を清国に迫りました。参議の伊藤博文が天津に出向き、李鴻章《りこうしょう》と会談してようやく両軍撤兵のための条約が相成ったのです。明治一八（一八八五）年四月一八日調印の天津条約です。三条から成るこの条約の、日本側にとってのポイントは第三条にあります。

第三条は「将来、朝鮮国若《も》シ変乱重大事件アリテ、日中両国或《あるい》ハ一国派兵ヲ要スルトキハ、応《まさ》ニ先《ま》ヅ互《たが》ヒニ行文知照《こうぶんちしょう》スベシ、其《そ》ノ事定《ことさだ》マルニ及《およ》ンデハ仍即《よってすなわ》チ撤回シ再ビ留防《りゅうぼう》セズ」です。文中の「行文知照」とは、外交文書を公文で照合確認するという意味の外交用語です。この条文の意味は、朝鮮で何か重大な事件や事変などが発生して、日清両国あるいはどちらか一方が出兵する場合には、ただちにその旨《むね》を互いに外交公文書で通知し合うこと、さらに事件や事変が収束すれば、派した兵は帰還《きかん》させ、朝鮮に留めおくことはやめるというものです。この条約により、清国はそれまでのように、一方的に朝鮮半島に派兵して、ここを属領のごとくにふるまうことができなくなったのです。この第三条こそ、その後の日清関係を左右する最も重要な項目となったポイントです。後に「東学党の乱」が起こって日本軍は朝鮮に出兵することになるのですが、その際の論拠となったのもこの条項でした。時の外務大臣陸奥宗光はこういっています。

清国政府が常に己《おのれ》の属邦なりと称する朝鮮に駐在せる軍隊を、条約上より撤回せざるを得ざるに至《いた》りたるのみならず、将来如何《いか》なる場合においても同国へ軍隊を派出《はしゅつ》せんとするときは、先《ま》ず日本政府に行文知照せざるべからずとの条款《じょうかん》を具《ぐ》する条約を訂結《ていけつ》したるは、彼《か》にありては殆《ほとん》ど一大打撃を加えられたるものにして、従来清国が唱《とな》え居《い》たる属邦論の論理はこれがために大いにその力を減殺《げんさい》せしことは一点の疑いを存せず

清国政府がつねに自国の属邦だと称している朝鮮での清国軍隊の駐在を、条約により撤退さ

せざるをえないことになり、のみならず将来いかなる場合においても朝鮮に軍隊を送る場合には、必ず日本に行文知照するという条項をもつ条約に清国が応じたということは、清国にとってはほとんど一大打撃を加えられたのと同じであり、従来、清国が唱えてきた属邦論の論理は、この条約により大いにその効力を削がれたこと、この一点には疑いはない。

陸奥はこの第三条によって、清国による朝鮮属領論の論拠がなくなったと快哉《かいさい》を叫んでいるのです。往時の極東アジアの国際関係について、克明な記録を残した天津の『大公報』の記者に王《おう》芸生《うんせい》がいます。同氏は『日支外交六十年史』全四巻（末広重雄監修、長野勳・波多野乾一編訳、建設社）という、極東アジア情勢にかかわる諸資料を丹念に渉猟《しょうりょう》して書かれた重要な著作を残しています。王芸生の判断も陸奥のそれと変わりません。

李鴻章と伊藤とは三月四日条約三ヶ条を締結調印したが、其の内容は全く『相互原則』に拠《よ》り、清国は朝鮮に対する宗主権《そうしゅ》を放棄し、而《しか》も第三条には明白に日清両国は朝鮮に対し同等の派兵権を有し、且《か》つ派兵の前に互《たが》ひに行文知照すべき事を規定した。甲午の東学党の乱起るに迨《およ》び、清国は兵を朝鮮に派して之《これ》を日本に通牒《つうちょう》したところ、日本も又《また》出兵し、巨禍《きょか》之に随《したが》つて爆発した原因は実に此の条に基《もと》づくもので、李鴻章の対日外交の一大錯誤《さくご》であつた個々の交渉や公的文書においては、清国はなお「保護属邦」の語を執拗《しつよう》に用いてはいるものの、日本はいまだかつて朝鮮を清国の属邦と認めたことはないとして、陸奥はこれを無視したのです。しかし、それがゆえにこそ、日清はいずれ開戦を余儀なくされることを陸奥は鋭く認識し、戦争の準備に怠りがありませんでした。

朝鮮人民のためにその国の滅亡を賀《が》す

勢いを増すロシアの南下政策、これに抗するイギリスの巨文島占領、日清天津条約の締結によって、朝鮮は列強や清国からの強圧を受けつづけます。

この激しいパワーポリティクスを眺め、朝鮮がこのままでは、いよいよ存亡の危機に陥る。いやむしろ、外国の――イギリスが想定されています――傘下に下った方が、朝鮮人民のためだという趣旨の論説を、福澤は明治一八（一八八五）年八月一五日付の『時事新報』に寄せます。「脱亜論」をさらにうわまわる過烈な筆致です。タイトルは「朝鮮人民のためにその国の滅亡を賀す」という激しいものでした。冒頭にこうあります。

英人は既《すで》に巨文島を占領して海軍の根拠を作り、露人は穆仁徳《メルレンドルフ》と諜《しめ》し合《あわ》せて陸地より侵入するの用意を為《な》し、朝鮮国独立の運命も旦夕《たんせき》に迫りたるものと云《い》うべし。扨《さて》この国がいよいよ滅亡するものと考《かんがえ》れば、国の王家たる李氏のためには誠に気の毒にして、又《また》その直接の臣下たる貴族、士族のためにも甚《はなは》だ不利なりと雖《いえ》ども、人民一般の利害如何《いかん》を論ずるときは、滅亡こそ寧《むし》ろその幸福を大にするの方便《ほうべん》なりと云《い》わざるを得《え》ず

イギリス人はすでに巨文島を占領して海軍基地を造成し、ロシア人はメレンドルフともしめしあわせて陸地に侵入する準備をしており、朝鮮国独立のいかんはきわめて切迫したものになっているといわねばならない。さて朝鮮がいよいよ滅亡してしまうということになれば、国の王家である李氏にはまことに気の毒なことであり、また王家の直接の臣下の貴族や士族にとっても大変に不利なことではあるものの、朝鮮人民一般の利害という観点からいえば、朝鮮の滅亡こそむしろ人民の幸福を大《だい》にする一つの手段だといわざるをえない。

これ以上もなく非情な主張ですが、往時の朝鮮が当事者能力を救いようのないほどまでに欠如させていたと福澤はみなして、あえてこういう挑発的な表現をしたのだということもできましょう。福澤の絶望は「脱亜論」よりも一段と深いようにみえます。

朝鮮人が独立の一国民として外国に対するの栄誉は、既《すで》に地を払《はら》うて無に帰したるものなり。人民夢中の際に国は既《すで》に売られたるものなり。而《しこう》してその売国者は何処《いずこ》に在《あ》ると尋《たずぬ》れば、政府自《みず》からこの事《こと》を為《な》せり。左《さ》れば朝鮮の人民は内に居て私有を護《まも》るを得ず、生命を安《やす》くするを得ず、又《また》栄誉を全《まっと》うするを得ず、即ち国民に対する政府の功徳《くどく》は一《ひとつ》も被《こうむ》らずして、却《かえっ》て

政府に害《がい》せられ、尚《なお》その上にも外国に向《むかい》て独立の一国民たる栄誉をも政府に於《おい》て保護するを得ず。実《じつ》に以《もっ》て朝鮮国民として生々《せいせい》する甲斐《かい》もなきことなれば、露なり英なり、その来て国土を押領《おうりょう》するがまゝに任《まか》せて、露英の人民たるこそその幸福は大《だい》なるべし。他国政府に亡《ほろ》ぼさるゝときは亡国の民《たみ》にして甚《はなは》だ楽《たのし》まずと雖《いえど》も、前途に望《のぞみ》なき苦界《くがい》に沈没して終身内外の恥辱中に死せんよりも、寧《むし》ろ強大文明国の保護を被り、せめて生命と私有とのみにても安全にするは不幸中の幸《さいわい》ならん

朝鮮人が独立国家の一国民として外国に誇るべき栄誉はもはや完全になくなってしまった。国民が知らぬ間に国が売られてしまったからである。その売国者は誰かといえば朝鮮の政府自身である。それゆえ朝鮮の国民は国内に私有権はなく、生命の安寧《あんねい》を守ることもできず、栄誉を遂げることなど不可能である。国民は政府の恩恵をまるで受けることはなく、逆に政府から被害を受け、のみならず政府は、外国に対しても朝鮮国民が独立国家の一国民だと主張して栄誉を守ってくれることもしない。こんなことでは、朝鮮国民として生を紡《つむ》ぐ甲斐はない。むしろロシアなりイギリスなりに、国土への侵入を許すがままにして、いっそのことイギリスやロシアの国民となった方が朝鮮国民の幸福は増すであろう。他国の政府によって滅亡されるのであれば、亡国の民として非常な屈辱を与えられるのも致し方のないことであるが、前途に希望の光がまったくみえない苦しみの世界に身を沈めて、終生、内外の恥辱の中に生きていくよりも、むしろ強大な文明国の保護の下で、せめて生命と財産の私有だけでもその安全が守られる

というのであれば、それはそれで不幸中の幸いというべきであろう。

福澤一流の逆説です。朝鮮の現状に対する福澤のやりようのない憤懣《ふんまん》があふれています。

『時事新報』発刊停止処分

この「朝鮮人民のためにその国の滅亡を賀す」に記される余りの激越《げきえつ》な文章に接した政府は、治安を妨害しかねないと判断して、明治一八（一八八五）年八月一五日より一週間にわたる『時事新報』の発刊停止処分を出します。「滅亡を賀す」の続編として福澤が用意した論説に「朝鮮の滅亡はその国の大勢《たいせい》に於《おい》て免《まぬが》るべからず」があるのですが、これも『時事新報』への掲載を取りやめさせられました。しかし、自筆原稿は残されていて、私どもはこれを読むことができます。

士大夫《しだいふ》なるものは家に恒《つね》の産《さん》なく身の勤労の手足なし。又《また》この中より挙《あ》げられて政府の官吏と為《な》りたる者にても、俸給の豊《ほう》あるに非《あら》ず。国中都鄙《とひ》の別なく所在《しょざい》に人民と雑居して暴威《ぼうい》を恣《ほしいまま》にし、私《わたくし》に他の財を貪《むさぼ》り又随《したがっ》て之を虐使《ぎゃくし》して自から生計と為《な》し、殊《こと》にその官吏社会には賄賂《わいろ》公行《こうこう》して、法を枉《ま》げ法を作ること甚《はなは》だ易《やす》く、苟《いやしく》も国中に利益の営《いとな》むべきものあれば、一も官吏の私に帰し、二も貴顕《きけん》の専《もっぱら》にする所と為りて、人民のこれがために疾苦《しっく》難渋《なんじゅう》するその有様は、国中無数の豺狼《さいろう》と共に雑居するに異《こと》ならず朝鮮の士大夫は自分には資産がなく、勤労のために手足を動かすこともしない。また社会的上昇を果たして官吏となった者でも俸給《ほうきゅう》はさしたる額ではない。全国の都市や農村のいたるところで庶民と混住し、地位を利用して暴威をふるい、他人の財産を貪《むさぼ》って自分のものとし、庶民を虐使《ぎゃくし》して自分の生計を立て、特に官僚社会には賄賂が公然たるものであり、法律を勝手に解釈し法律を新たにつくることさえ簡単にできる。国内に利益を生む仕事がみつかれば、これはまず官吏が私物化し、地位の高い者の専有物となり、そのために人民が悩み苦しみ生活が立ちゆかなくなるありさまを眺めるならば、まるで貪欲で残酷な山犬や狼と一緒に住まっているのと同じではないかと思われる。

この論説では、「士大夫」と書かれていますが、朝鮮では「両班」と称される官僚のことです。両班に対する徹底的な批判がこの論説の中心的な論点です。朝鮮の指導層には指導層としての志はなく、腐敗・汚職の限りを尽くして朝鮮をみずからほしいままにしており、このような状態がつづくのであれば、その滅亡は必然というべきだといった主旨の論説です。おそらく福澤の念頭にあったのは、幕末維新期の日本の指導層の、極貧にありながらも文明開化を必死に追い求めた西郷隆盛たち士族の擁していた、士風、士魂の思想と行動との対比であったのだろうと思われます。次の文章に入る前に一言。両班とは、「文班」つまり文官と「武班」つまり武官のことです。しかし「崇文」、「重文軽武」を伝統とする朝鮮においては、文班が圧倒的に高い地位を独占しておりました。両班とはいうものの現実には文班が支配者であったのです。ちなみに両班の下の庶民には「中人」「常人」「奴婢」の身分的階層が存在していました。

時勢いかんともすべからず

現下の朝鮮の「大勢」がこのようなものであり、この大勢から逃れようにも到底かなわないと福澤はいって、日本の徳川幕府が生き延びようと策しても結局は大勢からすれば滅びるべくして滅んだのと同様だというのです。大勢あるいは次の文章に出てくる「時勢」というのは、福澤の時代と社会を語るキーワードのようです。

我国の徳川政府の亡《ほろ》びたるも、今日より考えれば亡びざるの策《さく》もあらん、否《い》な二十年前、その未《いま》だ亡びざるの時に当《あたり》て亡びざるの策を案《あん》じたる者もあらんなれども、その策の行われずして看《み》す看す亡滅《ぼうめつ》したるは何ぞや、即ち所謂如何《いわゆるいかん》ともすべからざる時勢《じせい》なるものなり。左《さ》れば今日の朝鮮に於《おい》ても国を維持するの法、固《もと》より無きに非《あら》ず、巧《たくみ》に社会を経営して国民脇（協）力自強《じきょう》す、即ち維持の妙案なれども、唯議論上に妙《みょう》なるのみにして、我輩の眼を以《もっ》てその実際の大勢を視《み》れば、妙案《みょうあん》遂に妙功《みょうこう》を奏《そう》するを得ずして唯《ただ》滅亡を期するの外《ほか》あるべからざるなり

日本の徳川幕府は滅亡したけれども、現時点から振り返ればこれを滅亡させないための手段

や方法もあったと考えられる。実際、二〇年前、幕府がまだ滅びる前にはそういう策を考慮した者達がいたけれども、結局のところその策は実行されず、何もできずに滅亡したのはどうしてなのかといえば、要するに時代と世の中の成り行きからして、いかんともし難い時勢であったというより他ない。現在の朝鮮においては、国家維持のための法はなきに等しい。社会を巧妙に運営して国民もみずから努め励むというのが国家維持のための最善策であるとはいいうるが、これはただ議論上の策であるにすぎない。私の眼で実際の朝鮮の大勢をみるならば、最善策が功を奏するとは考えられない。ただ朝鮮は滅亡をまつ以外にないのであろう。

これ以上もない辛辣な朝鮮論です。この未発表の論説の最後を福澤は次のように結んでいます。

文明の変遷《へんせん》、日に急にして、その東洋に向《むか》うの気勢《きせい》、復《ま》た前年の比に非《あら》ざること明《あきらか》に見るべし。この急変劇動《げきどう》の衝《しょう》に当《あた》りて、内の腐敗は既《すで》に極度に達したる朝鮮国が、尚《なお》その独立を維持せんとするか、我輩《わがはい》の如《ごと》きは到底その説を得ざる者なり

文明の変遷は急速であり、文明が東洋に迫る盛んなる勢いは疑いもなく年々強化されつつある。この急変する激動期においてなお朝鮮国内の腐敗はすでに極限にまできており、この国が独立を維持することなど、私のような者には到底考えることもできない。

〝もういいかげんにしないか〟〝あきれてものがいえない〟といった諦めがこの福澤の文章のはしばしに出ています。

第7章

「日清の戦争は文野の戦争なり」

──外務卿・陸奥宗光

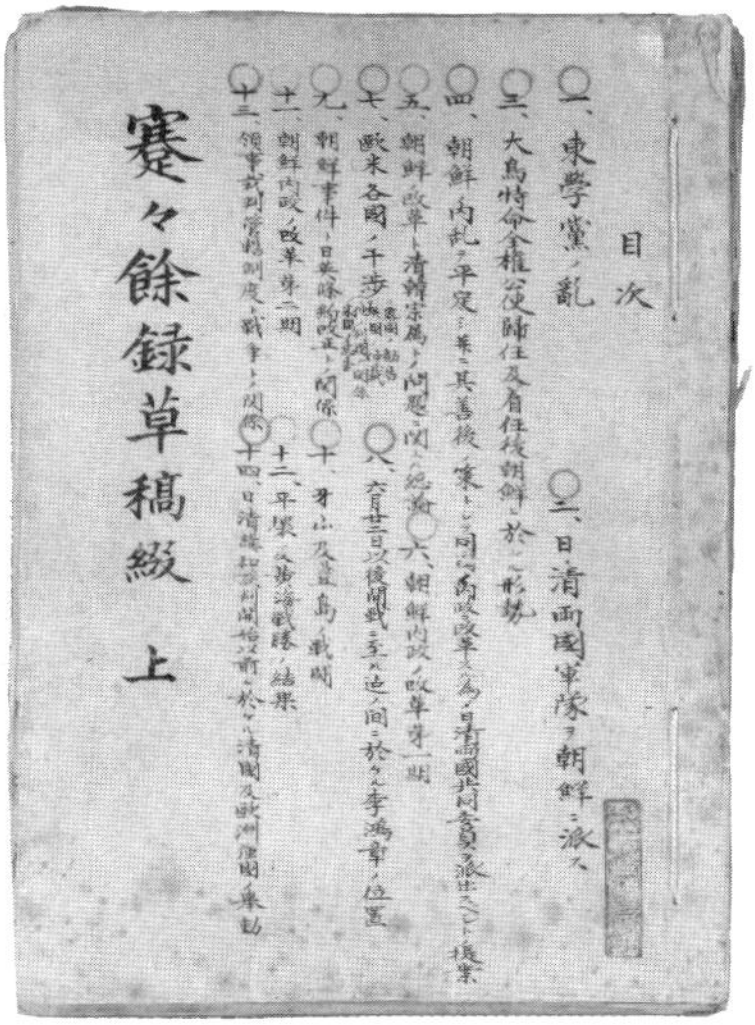

陸奥宗光『蹇蹇録』の草稿、
「蹇蹇余録草稿綴　上」明治28年序
（国立国会図書館蔵）

文明と野蛮

金玉均暗殺

金玉均が上海で暗殺されたのは、明治二七（一八九四）年三月二八日のことでした。金玉均は東京にあって清国公使の李経方《りけいほう》としばしば接触しておりました。李経方は李鴻章《りこうしょう》の養嗣子《ようしし》です。彼は李鴻章の意を金玉均に伝え、次のような趣旨のことを語ったらしいのです。

近年、ロシアの東方攻略が急速に活発化しており、これに抗するには日清両国の連携が不可欠である。清国政府は対日政策を変更し、今後は親日政策に転じる可能性が高い、朝鮮開化派の決起の秋《とき》は今だ、と李経方は金玉均を扇動《せんどう》したのです。金玉均は、これが「罠《わな》」かもしれないと思わないでもありませんでした。しかし、万が一でもいい、開化派再興の可能性が開かれるのであれば、それに賭《か》けて上海に赴《おもむ》こうと決意します。金玉均は箱根の塔の沢で休養中の福澤を訪ねて決意を伝え、福澤は翻意《ほんい》を促したものの、彼の覚悟は動きませんでした。

金玉均は、明治二七（一八九四）年三月二三日、夜一〇時、長崎港から「西京丸」に乗船。二七日午後五時、上海の日本郵船埠頭《ふとう》に接岸、上陸して日本のホテル東和洋行に入りました。そして、翌二八日の午後三時三〇分頃、朝鮮から送られ、西京丸に同乗していた刺客《しきゃく》・洪鍾宇《ホンジョンウ》が拳銃三弾を発して金玉均の頭を打ち抜いたのです。日本の租界地《そかいち》での事件であり、租界地の警察長、日本総領事代理立ち会いの下で検死。遺体は西京丸で日本に連れ帰ることになり、桟橋《さんばし》に遺体が運ばれたものの、李鴻章により入船を阻《はば》まれ、彼の指示により遺体は軍艦「威靖号」に乗せられて朝鮮に運ばれることになってしまいました。李鴻章は金玉均の暗殺成功について、国王に祝電を送ったとのことです。

遺体は朝鮮で「凌遅の刑《りょうちのけい》」に処されました。棺《ひつぎ》より取り出した遺体を地上に伏せて首を挽《ひ》き切り、右手は手首、左手は中腕のところで切断し、両足を切り落とし、胴は三カ所を深く割くという、残虐このうえない処刑です。切り取られた各部位は木や竹に結びつけ、朝鮮の各所の路傍《ろぼう》に立てられ、鳥や犬の食うがままに晒《さら》されました。金玉均の実父は囚《とら》われて獄舎《ごくしゃ》に監禁一〇年、明治二七（一八九四）年に金玉均の遺体が到着すると同時に銃殺刑に処せられました。母と妹は甲申事変の直後に毒をあおって自裁《じさい》。弟は金玉均が在日中に捕らわれて獄死。

金暗殺の第一報が入った直後の明治二七年三月三〇日、同日付の『時事新報』の社説に福澤は「金玉均氏」を書きます。

韓客《かんかく》金玉均氏は清国上海客舎《きゃくしゃ》に於《おい》て同伴したる洪鍾宇の為《た》めに殺害せられたる由《よし》、既《すで》に其《そ》

の筋にも電報ありしと云《い》へば定《さだ》めて疑《うたが》ひもなき事実なる可《べ》し。曩《さき》に氏が一朝計《いっちょうけい》破れて其《そ》の本国を脱せし以来、憂《う》き年月を異邦に閲《けみ》して流寓《りゅうぐう》漂泊十年余、未《いま》だ身の安処《あんしょ》を得ずして却《かえっ》て刺客の毒手《どくしゅ》に斃《たお》れたりとは人生の惨事、実に気の毒の至りに堪《たえ》ず

韓国からの亡名者、金玉均氏は清国上海のホテルで、同道した刺客の洪鍾宇により殺されたと聞く。日本の当局にも事態について伝える電報があったとのことである。疑いのない事実なのであろう。かつて氏が甲申事変の企《くわだ》てに失敗し韓国から脱出して以来、辛苦の年月を異郷の日本で過ごして放浪すること十年余、身を安んじるところを得ぬまま、あろうことか、韓国人の凶弾に斃《たお》されるとは何という人生の惨事か、その哀れなることこれ以上もない。

沸き立つ反清感情

射殺の後、金玉均の遺体が清国の軍艦に乗せられ朝鮮に送られたとの情報を伝え知った福澤は、明治二七（一八九四）年四月一三日の『時事新報』の社説「金玉均暗殺に付《つ》き清韓政府の処置」を次のように結んだ。

日本人の感情は到底釈然たるを得ざる可《べ》し。今回の報道は甚《はなは》だ簡単にして委細《いさい》を悉《つく》さゞれども、次第に其《そ》の事情を詳《つまびらか》にするに随《したが》い、我国人《わがこくじん》の感情はます〳〵鋭敏を加へてます〳〵疑《ぎ》団《だん》を大《だい》にすることはなきやと、我輩の今より想像する所なり

日本人の感情は釈然というわけには到底いかない。今回の事件に関する報道はまことに簡単なもので、詳細は不明であるが、次第に事実が説明されていくとともに、日本人の感情はいよいよ鋭敏となっていくにちがいない。これが現時点での私の予想するところである。

福澤の予想通り、金暗殺は甲申事変後の朝鮮にますます影響力を強めた李鴻章と朝鮮閔氏一族の共謀による事件だということが日本人に知られるようになり、日本人の反清感情に火をつけてしまったのです。

明治二七年五月二〇日、浅草東本願寺別院で千数百人を集めた盛大な金玉均の法要《ほうよう》が営まれ、遺髪《いはつ》と衣服は青山墓地に埋葬されました。当時の日本の有力新聞であった『時事新報』『自由新聞』『毎日新聞』『読売新聞』『中央新聞』『国民新聞』等々の一五社は、それぞれ事件の顛末《てんまつ》と金玉均の死を悼《いた》む社説を掲載し、さらに一五社連書で国民に追悼《ついとう》義金（義捐金）の募集に当たりました。一五社連書の義金募集のための一文をみれば、清国と朝鮮に対する往時の日本人の心情を推量することができます。

韓客《かんかく》金玉均氏夙《つと》に非常の器《うつわ》を抱《いだ》て非常の時に立ち、縦横策成《じゅうおうさくな》らず。逐《お》はれて他邦《たほう》の孤客《こかく》となり、流離困頓殆《こんとんほと》んど十年。或《あるい》は涙を南海の熱潮《ねっちょう》に灑《そそ》ぎ、或は恨《うらみ》を北海の寒月《かんげつ》に訴《うった》へ、志業《しぎょう》遂《つい》に成らずして空しく兇奴《きょうど》の毒手《どくしゅ》に斃《たお》る。想《おも》ふに人生の不幸は志業未《いま》だ遂《と》げずして、他邦に客死《かくし》するより大《だい》なるはなし。特《とく》に万里《ばんり》頼る所なき亡命の身を以《もっ》て、政敵の毒手に斃る、に至《いた》りては、男児の鉄腸《てっちょう》をして九廻《きゅうかい》せしむるに余りあり……請《こ》ふ応分の義金を投じて、哀悼の情を奏《そう》し、氏をして百年不瞑《ふめい》の鬼《き》たらしむる勿《なか》れ

韓国からの亡命者・金玉均氏は、以前から大なる器量をもち甲申事変という非常時に際して、策を縦横に練りあげ挙に出たもののついには成功せず、日本に追われ孤独の異邦人となって各地をさすらい疲れ果て十年。ある時は涙を小笠原の熱い海にそそぎ、あるいは恨みを冷たく冴えわたる北海道の月に投げつけ、しかも志ならずして空しくも兇暴なる者の毒手にかかり斃《たお》されるにいたった。思うに人生において志を遂げられず異国で客死を余儀なくされることほど大きな不幸はないというべきである。どこにも頼るもののない亡命者の身にあって、政敵の毒手によって斃《たお》されるにいたっては、男子の腸《はらわた》を何度もねじり回すほどの悶絶《もんぜつ》の無念にちがいない。……読者諸兄、応分の義捐金を投じてくだされ、氏への哀悼の情をあらわし、百年眠ることもできない無念の氏の魂を鎮め、その霊を安んじようではないか。

日清戦争に向かう国民的気運は、福澤のいうように「ますます鋭敏を加へてますます疑団《ぎだん》を大《だい》」としていったのです。日清戦争の全局を指揮した往時の外務卿・陸奥宗光は反清の国論を味方につけて、一挙に日本を開戦に向かわせんと万全の努力を開始します。既出の『蹇蹇録』でこういっています。

（我が国論の）一致協同を見たるのすこぶる内外に対して都合好《よ》きを認めたり。余《よ》はこの好題《こうだい》目《もく》を仮《か》り、已《すで》に一回破裂したる日清両国の関係を再び調和し得べきか、もしまた終《つい》にこれを調和する能《あた》わずとせば、むしろよって以《もっ》てその破裂の機《き》を促迫《そくはく》すべきか、ともかくも陰々《いんいん》たる曇天《どんてん》を一変して一大強雨を降らすか一大快晴を得るかの風雨針《ふううけい》としてこれを利用せんと欲《ほっ》したり

国民の反清感情が一致協同の方向に向かっているのは、内外に対してすこぶる都合のよいことであり、この国論の恰好《かっこう》のスローガンに応えて、すでに一度は破談した日清関係を再度調和させるための契機とすべきか、もしくは調和が不可能であれば、むしろこれを好機として清国に破談を迫るべきか。いずれにせよ気分の滅入るような曇天を打ち払って大雨を降らせるか、あるいは晴れわたる快晴の空を日本にもたらすかの風雨計としてこれを利用しようと決心したのである。

いかにも帝国主義時代のリアリスト、陸奥のあからさまな心情です。

清国への方針を確立せよ

この頃になりますと、福澤の目は、次第に朝鮮から清国の方に向けられるようになっていきま

す。金暗殺の以前には、清韓宗属関係というのは日本にとっては実に困ったものだが、それでも宗主国の清国がちゃんとやってくれれば、それなりに朝鮮も収まっていくのではないか、だから天津条約も有効性をもたないわけではないと考え、日本政府の方針に異を唱えることもなかったのです。しかし、そうした福澤のある種の「静観《せいかん》」も金暗殺の事件によってぷつりと切れてしまったのではないかと思われます。そして福澤は天津条約を信頼して清国に対応するだけでは足りない、清国に対してはもっと明確な一定の方針を策定すべきだと政府に迫ります。『時事新報』明治二七（一八九四）年五月三日付の「一定の方針なし」がそれです。

日本の朝鮮政略は只管《ひたすら》天津条約を遵守《じゅんしゅ》して支那と事《こと》を共《とも》にするこそ得策なれとの説もありと云《い》ふ。仮《か》りに其《その》説に随《したが》ひ、朝鮮に於《お》ける支那の勢力今日の如《ごと》く盛《さかん》なるときは、他の強国が彼地《かのち》に力を伸ぶるの機会なきが故《ゆえ》に、此点《このてん》に於ては日本も亦《また》安心なりとするも、李氏の如き年既に老《ろう》して其《その》勢力の永続は望む可《べか》らざるのみか、第一に彼《かの》支那帝国の運命さへも今後如何《いか》なる成行《なりゆき》を呈す可《べ》きや、識者の大《おおい》に疑ふ所にして、決して永久に頼む可きものに非《あら》ず。現在の勢力を目的にして之《これ》と事《こと》を共にし、以《もっ》て東洋の平和を期するが如《ごと》きは迂闊《うかつ》の談《だん》にして、我輩の感服《かんぷく》せざる所なり。政府の当局者は目下の形勢に就《つい》て如何《いか》なる所見《しょけん》あるか、予《あらかじ》め一定の方針あらんには今回の始末の如き、歯牙《しが》に掛《か》くるに足《た》らず、立談《りつだん》の間に弁《べん》ず可きなれども、我輩は年来の事実に徴《ちょう》して甚《はなは》だ不安心に堪《た》へざるものなり日本の朝鮮政策はひたすら天津条約を遵守《じゅんしゅ》し支那と協力することこそ得策であるという説がある。仮りにその説にしたがって、朝鮮における支那の勢力が現在のように盛んな時には、他の列強が朝鮮に勢力を伸長することができないために、この点では日本もひとまず安心していられるかもしれないけれども、他方、李鴻章氏もすでに老いてその影響力が長くつづくことはないであろうし、その前に、何より支那帝国自体の運命が今後どのようななりゆきとなるものやら、識者はこの点に大いなる疑問をもっており、支那を将来にわたって恃《たの》むべき存在だとみなすわけにはいかない。現在の支那の勢力を当てにし、支那と協力して東洋の平和を期待するといったことは、実に迂闊な話であり、私には承服できない。政府当局者は現在の形勢についてどのような所見をもっているのか、事前に一定の方針があるのであれば、今回の事件の始末などことさら大きく問題にするほどのものではなく、立ち話ですすむ程度のことであろうけれども、年来の事実に照らしてみれば私は深くこれを心配せざるをえない。

朝鮮における清国の勢力が盛んな時には天津条約にしたがっていればそれでいいかもしれないが、目下はそうなってはいない。清国自体の運命がどうなるのか、大いに疑問がある。清国を信頼するのは現実をみていない迂闊な考えではないか。日本政府には清国にどのような対応をもって臨むのかについての一定の方針がない。このことは重大問題である。これが福澤の政府不信です。

時をおかず、翌五月四日付の『時事新報』は、「他を頼みにして自から安心す可《べか》らず」と題して、清国の中枢部はすでに腐敗の極に達して「朽木」同然であるといい、この論説を次のように結びます。

清国は「朽木《くちき》」同然

自家《じか》の自立尚《な》ほ且《か》つ疑《うたが》はしき者が隣国を保護せんと云《い》ふ、頼むに足らざるなり。思ふに西洋の諸強国が東洋に志《こころざし》を懐《いだ》くは一朝一夕《いっちょういっせき》の事に非《あら》ず。而《しこう》して朝鮮半島の如《ごと》き諸強国の共《とも》に着目する所なるは、彼《かの》巨文島の事件を見ても知る可《べ》し。事情切迫して必要の場合に至《いた》れば老大国の保護、果《はた》して何の用を為《な》す可きや。朝鮮八道は恰《あたか》も無人の境《きょう》にして、一朝の機会に諸強国の占領する所と成る可きのみ。本来日本立国の利害より云へば、単に朝鮮政略のみならず、支那に対するの方針をも予《あらかじ》め一定して、有事の場合には自《みず》から進んで大《おおい》に為《な》すの用意こそ肝要なる可きに、対朝鮮の方針さへも定むること能《あた》はずして、却《かえっ》て蔭《かげ》ながら支那の力を頼みにして安心す可しと云ふ。我輩の甚《はなは》だ感服せざる所なり

自分の家の自立さえ疑わしい者が隣家を保護しようなどといっても、到底信頼できない。西洋の諸列強が東洋の国々を支配下におかんとする意志を固めたのは昨日や今日のことではない。かねてより諸列強がともども朝鮮半島に注目していたことは、巨文島事件一つをとってみても

明らかなことではないか。軍事情勢が切迫していざという時になれば、老大国の清国の保護などさして役に立つとは思えない。朝鮮全道はまるで無人境のようなもので、強国ならばわずか一日でこれを占領してしまうにちがいない。本来の日本立国の利害からすれば、単に朝鮮を攻略するというよりも、むしろあらかじめ対清政策を策定しておき、有事にいたれば清国とおおいに戦う用意が肝要だが、日本政府にあっては対朝鮮政策さえその方針を定めることができず、逆にひそかに清国の力を頼みにして安心しているというのは、いったいどうしたことか、私の意にそうものではまったくない。

朝鮮半島の安定化のためには決して清国の力を頼みにするわけにはいかない。そういう趣旨を、「一定の方針なし」より一段と強く主張した論説が、右の「他を頼みにして自《みず》から安心す可《べか》らず」でした。

帝国主義外交の中の陸奥

ところが、日清戦争は思わぬ出来事を原因として始まります。その発端となったのは「東学党の乱」でした。東学党の乱とは、明治二七（一八九四）年二月、全羅道《チョルラド》郡主の苛斂誅求《かれんちゅうきゅう》に耐えかねて起こった、秘密結社・東学教団に率いられた農民反乱のことです。道都全州が彼らによって制圧されてしまいました。李氏朝鮮の本貫《ほんがん》である全州の制圧に弱り果てた朝鮮事大党政府は、再三にわたり清国軍の出動を要請します。ちなみに本貫とは、一族の発祥の地のことです。清国は出兵に踏み切ります。その動機は、当然、属領保護でした。清韓宗属関係を認めてはならじと日本が出兵し、日清戦争が勃発したのです。

勃発の前段階として、日本政府が朝鮮の日清共同内政改革案を清国に提出したことは忘れてはなりません。日清両軍の出兵によって東学党の乱は終息するのですが、日清両軍は朝鮮半島に相当数残留します。しかし、残留の理由を列強に合理的に説明することは難しい。さりとて日本が兵を引けば半島の清国属邦を認めたことになり、李鴻章の思うつぼです。ここで陸奥が想起したのが、明治二七（一八九四）年六月一六日の「朝鮮に関する日清共同内政改革提案」に他なりません。財政に始まり、官僚選抜、治安等々、朝鮮政治の全分野にわたる、朝鮮の「文明開化」に不可欠の改革テーマの提起でした。

日清共同内政改革提案の前文はこうです。朝鮮が政争や内乱を根絶しない限り、日清関係が改善されることはない。「今回ノ如《ごと》ク清国ニ於《おい》テ出兵スレバ、我国モ亦《ま》タ之ニ応ジテ出兵シ、以《もっ》テ均整《きんせい》ヲ保《たも》タザルヲ得ザルノ場合ヲ現出スベキハ必至」であり、それゆえ「宜《よろし》ク日清韓ノ間ニ於《おい》テ将来執《と》ルベキ政策ヲ籌画《ちゅうかく》シ、以テ永ク東洋大局ノ平和ヲ維持スルノ道ヲ講《こう》ズルハ実ニ急務中ノ急務」である。それゆえ朝鮮において乱が生じた時には両国でこれを平定し、次いで朝鮮内政改革のために日清双方から所定の委員を出し、朝鮮の内政全般の改革に当たろうではないか、という提案です。右の文中に「籌画」とありますが、計画と同じ意味です。

そのうえで「若《も》シ清国政府ニ於《おい》テ我《わが》意見ニ賛同セザルトキハ帝国政府ノ独力ヲ以《もっ》テ朝鮮政府ヲシテ前述ノ政治ノ改革ヲ為《な》サシムル事ヲ努《つと》ムル事」と結んで、日本の意欲がなみなみならぬものであることを示したのです。この提案が清国に拒否されて戦争に突入しました。日本を「被動者」たらしめんとした陸奥の戦略が成功したのです。被動者として立ち振る舞うには、日本の合理的提案が清国に拒否されて致し方なく戦争に打って出ざるをえなかったのだ、とみせる陸奥一流の外交術です。陸奥はこう記しています。

今や我《わ》が外交は百尺竿頭《ひゃくせきかんとう》一歩を進めたり。向後一縷《こうごいちる》の望みは、僅《わず》かに清国政府が果《はた》して我が提案に賛同するや否やに係《かか》れり。もし清国政府にして如何《いか》なる処置に出るも、いやしくも我が提案を拒絶するに及べば我が政府は固《もと》より黙視する能《あた》わず。よつて以《もっ》て将来あるいは日清両国の衝突を免《まぬか》れざるべく、我《われ》は竟《つい》にやむをえず最後の決心を実行せざるを得ざるに至《いた》るべきなり

今や日本の対清外交は、百尺の竿《さお》の先に達し、なおそのさらに一歩を進めることができた。今後の一縷《いちる》の望みは、清国政府が果たして日本政府の提案に賛同するか否かにかかっている。清国政府がいかなる判断と手だてを講じようとも、仮りにも日本の提案を拒否することになれば日本政府はこれを黙視するわけにはいかない。よって将来日清両国が衝突することは致し方ないとの決意を固め、やむをえずついに最終的な決断を下さざるをえないという状況にいたっ

たのである。

陸奥はこの案を総理の伊藤博文に伝え、六月一日の閣議にもち込んで了承を取り、上奏《じょうそう》、裁可《さいか》を経て、ついに日本はかの大国清国との戦争に向かったのです。

日清戦争　日本の自衛の道

軍備拡張も、明治一九（一八八六）年より加速度を増していました。同年には建艦公債が発行され、明治二六（一八九三）年には建艦を促すべく明治天皇が宮廷費削減を公にし、これに応じて官僚は給料の一定率の政府返還を決め、さらに議会も政府の建艦計画案を与野党一致で支持しました。

日清戦争の経緯については省略しておきましょう。華夷秩序から朝鮮を引き剥《は》がして朝鮮の自立を図らなければ、極東における日本の安寧はありえず、それゆえ第三国の干渉を排して朝鮮自立の方策を立案し、さらには日清共同内政改革提案を練りあげ、これが清国に拒否されるや、全力を清国との戦いに注ぎ込もうという、外交官としての陸奥の深い熟慮と迅速な判断、加えてその豪気には、目を見張らされるものがありました。

陸奥は清韓宗属関係を切断し、もって朝鮮を自主独立の国となし、独立した朝鮮の内政安寧を図らなければ日本は危ういと考え、そうして日清戦争を日本の「自衛の道」にとって不可避のものとして捉えていたのです。同じく山縣有朋も、意見書「外交政略論」をもって「朝鮮多事ナルノ時ハ即チ東洋ニ一大変動ヲ生ズルノ機ナルコト」とし、朝鮮は日本にとっての「利益線」だとの認識を明らかにしていました。朝鮮が日本の自衛の道であり利益線だというのは、「帝国主義的」な発想以外の何ものでもありません。

陸奥の外交指導はまさしく帝国主義そのものです。列強がアフリカはもとより、中近東のすべてを植民地支配下におき、南アジア、東南アジアを経て、アヘン戦争以降は清国の沿海地域を次々と租界地とするにいたった時代のことです。最後に残されたのが日本であり、日本の後方に隠れるように存在していた「隠者の王国《ハーミットネイション》」が朝鮮でした。

日清戦争の大義名分

頑固守旧の腐敗国

東学党の乱発生以来『時事新報』における福澤の朝鮮論は、頻度を一段と増しています。少なくとも筆者が深く注目している、福澤のいかにも福澤らしい論説は、明治二六（一八九三）年七月二四日付の「支那朝鮮両国に向《むかい》て直《ただち》に戦《たたかい》を開く可《べ》し」です。この論説は、大鳥圭介駐清公使により朝鮮政府に提起された改革案に、朝鮮政府が一旦は異議なく応じたものの、数日後、これを全面拒否するという挙に出た、その経緯について論じたものです。

> 韓廷《かんてい》の有司《ゆうし》如何《いか》に頑迷《がんめい》なりとは云《い》へ、眼前に日本の大軍が戦備を整へて京城の内外に充満するを見ながら傲然《ごうぜん》恐る、気色《きしょく》なく、既《すで》に諾《だく》したる約束を無視して我《わが》正当なる要求を拒絶するとは如何にも大胆千万《だいたんせんばん》の仕打《しうち》にして、殆《ほと》んど本気の沙汰《さた》とは思はれざれ共《ども》、又退《またしりぞい》て考ふれば朝鮮政府をして此向《このむこ》ふ見ずの処置《しょち》に出《い》でしめたるものは彼れの胸中自《みず》から頼む所のものあるが為《た》めなり。其《そ》の頼む所のものとは何ぞや。云ふまでもなく支那政府の後楯《うしろだて》、即是《すなわちこ》れなり

韓国朝廷の役人はいかにも頑迷《がんめい》であるが、眼前に日本の大軍が戦備を整えて京城の内外を埋めつくしているのをみながら、なおまるで恐れる表情をみせることもなく、すでに承諾した約束を無視して日本の正当な要求を拒否するとは、いかにも大胆不敵のやり方であり、ほとんど本気の判断とも思われないが、一歩下がって冷静に考えてみれば、朝鮮政府がこういう向こうみずの方法をとっているのは、他に頼むべきものがあると彼らが胸中に秘めているがゆえであろう。その頼むべきものとは何かといえば、いうまでもなく清国政府の後援に他ならない。

それでは清国とはいかなる存在なのかと問うて、福澤は次のようにつづけます。

抑《そもそ》も支那は世界に類なき頑固守旧《がんこしゅきゅう》の腐敗国にして、之を朝鮮に比較すれば国土の大小こそ異なれ、其《その》腐敗の加減《かげん》は正《まさ》しく同様にして、支那人の眼を以《もっ》てするときは朝鮮の国事に改革す可《べ》きものなく、強《し》いて改革と云《い》へば夫子自《ふうしみず》から改めざる可《べか》らざる程の次第なれば、此際《このさい》日本の挙動を見て心に快《こころよ》しとせざるは分《わか》り切つたることにして、今は公然日本に向《むかい》て論ず可き議論もなく、又これを論ずるの気力もなく、唯陰《ただかげ》に同類の朝鮮政府を教唆煽動《きょうさせんどう》して以て日本の政略を妨《さまた》げんとするのみ

そもそも清国は世界に比類のないほどに頑固守旧の腐敗国であり、朝鮮に比べれば国土の大小は異なるけれども、腐敗の程度からみればほとんど同じであり、清国人からすると朝鮮の国政において改革すべきものは何もなく、もし改革を要求すれば清国の君子みずからが改めないわけにはいかない、というようになってしまうのであるから、日本の要求をみて、清国政府がこれに不快感を抱いていることなどわかり切ったことである。清国が日本に向かって公然と主張すべき議論はなく、また議論するほどの勇気もない。ただ同類の朝鮮政府を教えそそのかし行動に仕向けることによって日本の外交戦略を妨害しようとしているだけである。

清国　朝鮮への内政干渉

同論説は、さらにこういいます。

左《さ》れば支那政府が日本の方針を妨《さまたげ》ることに尽力《じんりょく》して、遂《つい》に朝鮮政府をして我《わが》要求を拒絶せしめたるの事実は疑《うたが》ふ可《べ》きに非《あら》ざれば、最早《もはや》彼《か》れは日本の朋友《ほうゆう》として見る可《べか》らず。若《も》しも此《この》まゝに差置《さしお》きたらんには、世間知らずの老大国人が、盲人《もうじん》、蛇《へび》に畏《お》ぢずの譬《たとえ》に漏《も》れず、益《ますま》す増長して種々雑多の妨害を逞《たくまし》ふし、是《こ》れが為《た》め日本は啻《ただ》に改革の目的を達せざるのみならず、事の成行次第にて如何《いか》なる不利益の地位に陥《おちい》ることあるやも知る可《べか》らず。今日に至《いた》りて押問答《おしもんどう》は無益なり。一刻も猶予《ゆうよ》せず断然支那を敵として我れより戦《たたかい》を開くに如《し》かざるなり

そんな次第であるから、清国政府が日本の方針を妨害することだけに力を注ぎ、ついには朝鮮政府に日本の要求を拒否させたという事実は疑うことができない。ならば、もはや日本は清国を朋友とみなしてはならない。もし現状のままに放置しておくならば、世間知らずの老大国が、盲蛇《めくらへび》におじずのたとえのごとく、いよいよ増長してあれやこれやの妨害をほしいままにし、そのため日本は朝鮮改革の目的一つさえ達成することができないのみならず、事態のなりゆき次第ではどんな不利益を蒙《こうむ》るか知れたものではない。いまにいたってはもはや押し問答は無益であり、一刻の猶予もなく断固、清国を敵として、日本側から開戦するより他ない。

現実に日本政府は明治二七（一八九四）年八月一日をもって開戦にいたります。同日、「清国に対する宣戦の詔勅《しょうちょく》」が出ました。枢要部分にこうあります。

朝鮮ハ帝国ガ其《そ》ノ始《はじめ》ニ啓誘《けいゆう》シテ列国ノ伍伴《ごはん》ニ就《つ》カシメタル独立ノ一国タリ。而《しこう》シテ清国ハ毎《つね》ニ自《みずか》ラ朝鮮ヲ以《もっ》テ属邦ト称シ、陰《いん》ニ陽《よう》ニ其ノ内政ニ干渉シ、其《その》、内乱アルニ於《おい》テ口《こう》ヲ属邦ノ拯難《じょうなん》ニ籍《し》キ兵ヲ朝鮮ニ出シタリ。朕《ちん》ハ明治十五年ノ条約ニ依《よ》リ兵ヲ出シテ変ニ備《そな》ヘシメ、更ニ朝鮮ヲシテ禍乱《からん》ヲ永遠ニ免《まぬか》レ治安ヲ将来ニ保《たも》タシメ以テ東洋全局ノ平和ヲ維持セムト欲シ、先ヅ清国ニ告《つ》グルニ協同事《こと》ニ従ハムコトヲ以《もっ》テシタルニ、清国ハ翻《かえっ》テ種々ノ辞柄《じへい》ヲ設《もう》ケ之《これ》ヲ拒《こば》ミタリ。……朕平和ト相終始《あいしゅうし》シテ以テ帝国ノ光栄ヲ中外ニ宣揚《せんよう》スルニ専《もっぱ》ナリト雖《いえども》、亦《また》公《おおやけ》ニ戦《いくさ》ヲ宣《せん》セザルヲ得ザルナリ。汝有衆《なんじゆうしゅう》ノ忠実勇武ニ倚頼《いらい》シ速《すみやか》ニ平和ヲ永遠ニ克復《こくふく》シ以テ帝国ノ光栄ヲ全《まった》クセムコトヲ期《き》ス

この時代の陛下による詔勅ですから、現代人には読みにくい漢字が多用されているのも無理はありません。これを現代語に直しますと、時代の思潮はかなり薄くしか伝わってこなくなりますが、ひとまず私の現代語におきかえてみます。

朝鮮は日本がその独立時に蒙を啓《ひら》き誘って列国の一員として招き入れた独立国家である。しかしながら、清国はことあるごとに朝鮮をみずからの属領と呼び、ある時はひそかに、別のある時には公然と朝鮮の内政に干渉し、朝鮮に内乱が起これば属邦の難を救うという口実を用いて兵を朝鮮に派している。私は明治一五年の条約（済物浦《さいもっぽ》条約）を根拠として兵を派し事変に

備え、さらに朝鮮から戦乱を永遠になくし、将来にわたって半島の治安を確保し、かくして東洋全体の平和を維持したいと願う。それゆえ、まず清国に対して朝鮮の事態に協同で対処しようと通告したのだが、清国は逆にさまざまな言い訳をもうけてこの通告を拒否した。……私は平和であることに終始し、日本の光栄を国の内外にひたすら明らかにしているのだが、その一方で宣戦を布告せざるをえない。私は国民諸兄の忠実勇武にたのんで、すみやかに平和を永遠なるものとして取り戻し、日本の光栄をまったきものにしたいと願う。

きわめて明快な論理であり、一点の疑義のない論理整合的な詔勅だというべきです。一言でいえば、日清戦争開戦の大義名分は清韓宗属関係の不法性打破、つまりは独立国朝鮮に対する清国の内政干渉の排除にある、というのです。

日朝修好条規

詔勅の引用文の第一行目に、「朝鮮ハ帝国ガ其《そ》ノ始《はじめ》ニ啓誘シテ列国ノ伍伴《ごばん》ニ就《つ》カシメタル独立ノ一国タリ」とあります。朝鮮は少なくとも日本との関係においては一つの固有な独立国であることは、明治九（一八七六）年二月に結ばれた日朝修好条規の締結によって内外に知られていたことでした。全一二条にわたる修好条規の第一条は「朝鮮国ハ自主ノ邦ニシテ日本ト平等ノ権ヲ保有セリ」だったのです。ここにいたる経緯を少しだけ述べておきましょう。

明治八（一八七五）年九月、飲料水を得ようと江華島《こうかとう》に近づいた日本の軍艦の「雲楊号」が同島の砲台から砲撃を受け、これに迎撃した日本軍艦が同砲台を破壊するという事件が起こりました。「江華島事件」といわれます。この事件を契機に結ばれた条約が日朝修好条規です。全権弁理大臣の黒田清隆を江華島に派して、強引に朝鮮の同意を引き出したものです。清韓宗属関係の中で、およそ「外交」というものを経験したことのない朝鮮が、外国と取り結んだ最初の条約であったという点で、この修好条規は、朝鮮にとってきわめて大きな意味をもつものでした。全一二条にわたるこの条規においてとりわけ重要なのは、第一条です。それが先にも言及した「朝鮮国ハ自主ノ邦ニシテ日本ト平等ノ権ヲ保有セリ」の明文化です。

しかし、これで問題が片づいたわけではありません。むしろその後に、日清関係は険悪化の方向に向かいます。既述した壬午事変、甲申事変を通じて、清国は大量の兵を朝鮮に派し、朝鮮は清国属領化の傾向を強め、事実上、清韓宗属関係が再確認されるようになったのです。

朝鮮が「自主独立ノ邦」だという条規の存在にもかかわらず、清国の態度は不透明なものでした。日本が清国と交渉すれば、朝鮮は内政、外交ともその自主に任せており、清国は朝鮮内で起こる個々のできごとに責《せめ》を負う立場にはないといい、しかしそうはいっても朝鮮は属邦であるから、一個の独立した王国として認めるわけにはいかない、という実に曖昧な態度に終始していたのです。朝鮮を属邦と称しながら、内政、外交に責任をもたないというのであれば、宗主国の責任を果たしているとはいえない。そのような非論理的態度を清国が捨てないのであれば、日本としては朝鮮を一つの独立国家と認識し、一切の責任は朝鮮にありという方針を貫かねばならない。日本の立場が次第にそういう方向へと転じていったのも無理からぬものでした。

日清修好条規につづいて明治一五（一八八二）年八月には、済物浦条約が結ばれます。済物浦というのは現在の仁川の旧名です。先に引用した日清戦争開戦の詔勅の中にある「明治十五年ノ条約」とはこの済物浦条約のことを指しています。壬午事変の事後処理のために日本と朝鮮との間で結ばれた条約です。日本が朝鮮に対して、事件首謀者の処罰、日本公使館護衛のための軍隊駐留など、その後の日朝間の不測の事態の発生を阻止するための多様な取り決めでした。日清戦争の根拠となったものもこの条約でした。この条約があるのにもかかわらず、甲申事変が発生し、日本が大量の清国兵によって排除されるといった事態が、恒常的に起こっていたのです。結局のところは、日本と清国とは戦わざるを得ない宿命にあったのだ、といわねばなりません。

朝鮮併合は目的ではない

再び福澤の論説にもどります。日清戦争はあくまで「文野」の戦争であって、朝鮮を侵略してこれを併呑することには反対だというのが福澤の考えでした。いくつかのところでそういっていますが、ここではそう主張するために書かれた『時事新報』の明治一五（一八八二）年七月五日付の論説「土地は併呑《へいどん》す可《べか》らず国事は改革す可《べ》し」の枢要部分を引用しておきます。

面白き名義《めいぎ》を製作して、其極《そのきょく》、遂《つい》に朝鮮国の土地を日本に併《へい》することはなかる可《べ》きやと、不言《ふげん》の間《かん》に人をして疑《うたがい》を懐《いだ》かしむるは決して無理ならぬ次第なり。世間或《あるい》は既《すで》に此辺《このあたり》に注目する者もある可しと雖《いえど》も、我輩《わがはい》の所見を以《もっ》てすれば、日本国の政略に於《おい》ては万々此事《ばんばんこのこと》ある可《べか》らずと断言して躊躇《ちゅうちょ》せざるものなり。世界中日本国人に限りて無欲淡泊《むよくたんぱく》なるに非《あら》ず、又無気力痴鈍《ちどん》なるに非ず、都合能《よ》き国土を見出して占領す可きものあれば決して辞退《じたい》する者に非ずと雖も、朝鮮の国土は之《これ》を併呑《へいどん》して事実に益なく、却《かえっ》て東洋全体の安寧《あんねい》を害するの恐《おそれ》あるが故《ゆえ》に、故《ゆえ》さらに会釈《えしゃく》して之を取らざるのみ

興味をそそるような名目をかかげて、その極端な場合には、日本は朝鮮国の土地をついに併合することになるのではないかという疑念が、問わず語りに人々の心中に生まれているのも無理のないことではあろう。世の中にはすでにこのあたりのことに注目する者もあるけれども、私の見解では、日本国の外交においてはまったくそんなことはありえないと躊躇なく断言しておきたい。世界の中で日本人だけが無欲淡泊だということはなく、また無気力で行動が鈍いということもない。都合のいい国土があって占領すべきところがあれば、辞してこれを占領しないということもなかろう。しかし、こと朝鮮の国土についていえば、これを併合しても実際の利益はなく、併合はかえって東洋全体の安寧を毀損《きそん》する恐れがあり、それゆえにこそ日本は朝鮮を併合するつもりはまったくない。

朝鮮併合が日清戦争のめざすものではまったくない。そうではなくて、日本と清国との戦いは文明と野蛮との戦い（文野の戦い）であって、つまりは朝鮮の文明化を求めるための戦争に他ならない、というのが福澤の主張でした。

「支那朝鮮両国に向《むかい》て直《ただち》に戦《たたかい》を開く可《べ》し」の掲載は明治一五（一八八二）年七月二四日でしたが、同月二九日には「日清の戦争は文野の戦争なり」を書き、この戦争の大義は文明と野蛮との戦いにあり、という趣旨の論説を掲載しました。その中心的部分を引用すれば次のごとくです。

戦争の事実は日清両国の間に起《おこ》りたりと雖《いえど》も、其《その》根源を尋《たず》ぬれば文明開化の進歩を謀《はか》るものと其進歩を妨《さまた》げんとするものとの戦《たたかい》にして、決して両国間の争《あらそい》に非《あら》ず。本来日本国人は支那人に対して私怨《しえん》あるに非ず、敵意あるに非ず。之《これ》を世界の一国民として人間社会に普通の交際を欲するものなれども、如何《いかん》せん、彼等は頑迷不霊《がんめいふれい》にして普通の道理を解《かい》せず、文明開化の進歩を見て之《これ》を悦《よろこ》ばざるのみか、反対に其進歩を妨《さまた》げんとして無法にも我に反抗の意を表したるが故《ゆえ》に、止《や》むを得ずして事《こと》の茲《ここ》に及びたるのみ

戦争は日清両国で起こったものではあるけれども、その根源にあるのは文明開化を図ろうとする者と、それを妨害しようとする者との戦いに他ならず、決して日清間の戦争ではない。日本人にはもともと清国人に怨みがあるというわけではなく敵意をもっているのでもない。清国を世界の一国民として扱い、人間社会における普通の交際をしてほしいと願っているだけであ

る。しかし、いかんせん、彼らは頑固で無知であり、世界にあまねく広がる普通の道理を理解せず、文明開化の進歩をみてこれを歓迎せず、逆に文明開化に向けての進歩を妨げようとして無法にも日本に反抗の意を示してきた。そのために、事態はやむをえずしてここにいたってしまったのである。

日清講和条約

日清戦争は日本の勝利に終わりました。豊島沖《ほうとうおき》の海戦に勝ち、朝鮮を抑えた後、広島に大本営を設置して、明治天皇はここで軍務を親裁《しんさい》。つづいて平壌《ピョンヤン》会戦、黄海《こうかい》海戦に大勝。鴨緑江《おうりょくこう》渡河《とか》作戦にも成功し、威海衛《いかいえい》作戦では北洋艦隊を撃滅させ、提督丁汝昌《ていじょしょう》は自裁。次いで澎湖島《ほうことう》作戦に転じ、同島を占領した後、ついに明治二八（一八九五）年四月一七日に日清講和条約が調印されたのです。その後、台湾に進軍し、同年六月七日に台北を占領、台湾と澎湖諸島の割譲《かつじょう》が成って日清戦争は終焉《しゅうえん》しました。

日清講和会議は、下関の春帆楼《しゅんぱんろう》で開かれました。日本側全権代表は伊藤博文、陸奥宗光、清国全権代表は李鴻章、李経方でした。講和会議が開かれている最中に、講和に反対する日本の一青年が李鴻章をピストルで狙撃《そげき》、深い傷を負わせるという事件が突発、その後は李経方が全権を代表して清国側の主役となるという経緯がありました。講和会議は最終的には全体が一一条の文書として成約されました。

第一条は「清国ハ朝鮮国ノ完全無欠ナル独立自主ノ国タルコトヲ確認ス。因《よっ》テ右独立自主ヲ損害スベキ朝鮮国ヨリ清国ニ対スル貢献典礼《こうけんてんれい》等ハ将来全ク之《これ》ヲ廃止スベシ」であり、開戦の大義名分たる清韓宗属関係廃棄の成文化です。

第二条は「清国ハ左記ノ主権、並《なら》ビニ該《がい》地方ニ在ル城塁《じょうるい》、兵器製造所、及ビ官有物ヲ永遠日本国ニ割与《かつよ》ス」です。「左記」とは、一つには、遼東半島、つまり営口、鳳凰城を経て鴨緑江に沿って安平《アンピョン》河口にいたり、そこから鴨緑江が黄海に注ぐ河口部までの地域であり、二つには、台湾全島と澎湖諸島でした。ちなみに、「該地方」の「該」とは、当時の文献によく出てくる用語法ですが、「その、この、当の」といった意味です。ですから「該地方」は「同地方」の、といったことになります。

第四条が「清国ハ軍費賠償金トシテ庫平銀《こへいぎん》二億両ヲ日本国ニ支払フベキコトヲ約ス」です。「庫平銀」というのは、清国における秤量《しょうりょう》銀貨の通貨単位、日本円で当時、三億円に相当したといわれています。

第六条は「現ニ清国ト欧州各国トノ間ニ存在スル諸条約章程《しょうてい》ヲ以《もっ》テ、該《がい》日清両国間諸条約ノ基礎ト為《な》スベシ」です。条約章程の「章程」は、条約以外の外交諸規程のことです。この第六条の意味は、清国が列強とすでに取り結んでいる不平等条約を日本との間にも適用せよとの要求です。

日清戦争において清国が敗北したために、清韓宗属関係が廃棄され、その結果、明治三〇（一八九七）年一〇月に朝鮮は国号が「大韓帝国」となり、「韓国」と通称されるようになりました。

朝鮮 ロシアへの「事大」

三国干渉後の朝鮮

帝国主義時代の国際環境とはかくまでか、と思わされるものが、日清講和条約が成った直後の三国干渉です。講和条約が成立したのが明治二八（一八九五）年四月一七日、明治天皇が広島の大本営で条約に批准したのが同二〇日、その三日後の二三日に独仏露の三国干渉が始まったのです。日本が韓国を清国から独立させて独自の支配権を握り、加えて遼東半島を掌中《しょうちゅう》にしたことをロシアはみずからの南下政策を阻害するものとみなし、ロシアが日本に対していずれ厳重な警告の挙に出ることを伊藤や陸奥は予想していました。とはいえ、講和成立のわずか三日後のこと、いかにも唐突な干渉でした。戦争で国力を使い果たし、いまだ澎湖諸島、台湾へ侵攻中の時点で加えられたこの三国干渉は、日本の首脳部を徹底的に困惑させたのです。

三国干渉とはいうものの、主役はロシアです。フランスは露仏同盟の締約国であるがゆえにロシアに引き込まれ、ドイツはロシアが日本と対峙して極東でことを構えればヨーロッパにおけるドイツ権益へのロシアの脅威が減じると考えて三国干渉に加わったのです。主役はあくまでロシアです。

三国干渉は、明治二八（一八九五）年四月二三日、独仏露三国の駐日公使が東京の外務省を訪れ、覚書を提出したところから始まりました。日清講和条約締結後、明治天皇が京都に行幸《ぎょうこう》することになり、広島に駐在していた閣僚は先発して京都に移動しようとしていた矢先のことです。陸奥宗光の病いは重篤《じゅうとく》、兵庫県舞子《まいこ》の温泉地で療養中でした。東京の外務省には交渉に当たる要人はおらず、三国公使は外務次官の林董《ただす》に本国の訓令として、それぞれの覚書を手交して帰っていきました。ロシアの覚書はこうです。

> 露国皇帝陛下ノ政府ハ日本ヨリ清国ニ向《むかっ》テ求メタル講和条約ヲ査閲《さえつ》スルニ、其《そ》ノ要求ニ係《かか》ル遼東半島ヲ日本ニテ所有スルコトハ常《つね》ニ清国ノ都ヲ危《あや》フクスルノミナラズ、之《これ》ト同時ニ朝鮮国ノ独立ヲ有名無実トナスモノニテ、右ハ将来極東永久ノ平和ニ対シ障害ヲ与《あた》フルモノト認ム。随《したがっ》テ露国政府ハ日本国天皇陛下ノ政府ニ向《むかい》テ重《かさね》テ其《そ》ノ誠実ナル友誼《ゆうぎ》ヲ表《ひょう》センガ為《た》メ、茲《ここ》ニ日本国政府ニ勧告スルニ遼東半島ヲ確然《かくぜん》領有スルコトヲ放棄スベキコトヲ以《もっ》テス

ロシア皇帝陛下の下にある政府は、日本が清国に対して求めた講和条約を検討し、その結果、日本の要求する遼東半島の日本領有は、清国の首都を恒常的に危険にさらすことになると同時

に、朝鮮国の独立を有名無実化することにもなり、それゆえこのことは極東の永久平和の障害をなすものと考える。したがってロシア政府は日本国皇帝陛下の下にある政府に対し、重ねてロシアの誠実なる友誼を表せんがために、遼東半島の領有を確実に放棄すべきことをここに要求するものである。

林次官からの三国干渉についてのこの報を電信で伝えられた伊藤博文は、明治二八（一八九五）年四月二四日に広島で御前会議を開くことにしました。広島に残っていたのは伊藤の他には陸軍大臣の山縣有朋、海軍大臣の西郷従道《じゅうどう》のみでした。

伊藤は、干渉受諾やむなしとの考えをもって、舞子温泉に療養中の陸奥を訪ねました。大蔵大臣の松方正義《まさよし》を同道し、病床の陸奥とさらに議論を重ねたのです。陸奥はいかにも陸奥らしく、三国干渉を拒否してロシアが将来いかなる策に出るかを観察し、そのうえで再び外交上の転換の必要ありや否やを考慮すべきだと主張しました。

伊藤はこの主張に対し、拒否はあまりに無謀である、ロシアの昨年来の挙動をみれば真意は明白であり、もしそれを見誤ってこちらからロシアを挑発すれば危険は著しく大きいと主張、陸奥もやむなく伊藤の説にしたがわざるをえませんでした。明治二八（一八九五）五月一〇日、明治天皇は遼東半島還付を宣詔《せんしょう》するにいたったのです。

閔妃殺害

三国干渉後の日本を取り巻く国際環境には、騒然たるものがありました。日清戦争に勝利して清韓宗属関係の切断に成功したとはいえ、韓国の自立が可能となったかといえば、実はまったくそうではありませんでした。清国の支配力は衰えたものの、今度はロシアの影響力が着実に増大していきました。清国への還付を余儀なくされた遼東半島は、その後ロシアの租借地となり、日本が苦難の日清戦争で獲得した権益が次々とロシアの手に落ちていったのです。

三国干渉以前、日本は韓国において親日派の金弘集《きんこうしゅう》を首班とする内閣を組成させ、「甲午《こうご》改革」と称する日本主導の改革を開始しました。しかし三国干渉により遼東半島還付を日本が呑まされたことにより、韓国政府は「日本恃《たの》むに足らず」とみて、政府内の親露派がにわかに勢いを増し、ロシアに急接近していったのです。ロシアもこれを好機と見立てて閔氏一族に取り入り、朝鮮宮廷のロシアへの傾斜が顕著なものとなりました。

陰謀家として知られる在韓ロシア公使ウェーバーの動きは迅速でした。ウェーバーは閔妃をして内閣から親日派を駆逐させ、甲午改革を退けてしまいました。追放された親日派は日本と組み、閔妃の排除を企図するにいたります。親日派追放の報を受けた日本政府は、井上馨に代えて駐韓公使に三浦梧楼《ごろう》を任命しました。三浦は、かつて閔妃によって追放され妃を深く怨んでいた国王高宗の実父である大院君の擁立を画策、大院君は親日派官僚、韓国訓練隊、日本人壮士を引き連れて王宮に侵入。三浦も公使館の衛兵を率いて王宮に向かい、光化門を破って大化宮に入り、閔妃を殺害してしまったのです。

そうまでしなければロシアに屈従《くつじゅう》する韓国の事大主義の打破は難しいと考えた三浦梧楼の、いささか短兵急《たんぺいきゅう》の行動でした。短兵急だというのは、これによりウェーバーと親露派が一層強く結びつき、国王の高宗はロシア公使館に移され、国王はロシア公使館から詔勅を発することになってしまいました。ロシア公使館が王宮となってしまったのです。「露館播遷《ろかんぱせん》」といわれます。「播遷」とは、遠くさすらうという意味で、ロシア公使館で遠くから朝鮮の摂政をする、といった感じの漢語です。反閔派官僚が降格させられ、親閔派官僚が登用されたのは当然でした。ウェーバーの強い圧力を受けて総理衙門《がもん》（内閣総理大臣）金弘集は閔氏により追放、光化門外で民衆に撲殺《ぼくさつ》されてしまいました。金の屍は市街地にさらされたそうです。ロシアの権勢はいよいよ強く、日本の韓国における勢力は目にみえて減衰していったのです。

ロシアは顧問を送って財政監督に当たらせ、将校の多数を派して軍隊を訓練、ロシア語学校を設立したりもしました。咸鏡《ハムギョンブクド》北道の資源採掘権の獲得にも成功しました。日本人駐屯軍は縮小を余儀なくされ、日本の商人や漁民はほとんどが帰国せざるをえませんでした。当時の在韓公使は三浦から小村寿太郎に代わっていたのですが、小村の辣腕《らつわん》をもってしても、いかんともし難く強いロシアの専横《せんおう》でした。国王のロシア公使館在留は一年に及びました。韓国はこの時点で、もはや国家としての体をなしていなかったのです。日本は三国干渉によって遼東半島還付の屈辱を受ける一方、辛くも自主独立の朝鮮を手にしたものの、それも束の間、ロシアによって韓国は蹂《じゅう》躙《りん》されてしまいました。

この間、小村・ウェーバー覚書、山縣・ロバノフ覚書などの外交文書が手交されましたが、一言でいえば、これらは日清講和条約により日本の支配権が確立したはずの朝鮮半島において、ロシアの権益を拡大させるための、日本側の屈辱を忍んでの譲歩であったといっていいものです。小村や山縣の「切歯扼腕《せっしやくわん》」が聞こえるようです。ロシアは同時に三国干渉によって還付された遼東半島の租借を清国に迫ってこれにも成功、日本をさらに追い込んでいったのです。

事実を見る可し

福澤と深い縁でつながっていた朴永孝、兪吉濬《ユギルチュン》、さらに金弘集などが要職を占めての朝鮮改革が、いかんともし難く渋滞していくのをみて、福澤の挫折感は一段と大きなものでした。ロシアによる朝鮮壟断《ろうだん》はもとよりですが、何よりもそれに甘んじて、むしろそれに寄りかかって改革をまるで進捗させようとしない朝鮮政府への憤懣《ふんまん》は尽くせないほどでした。明治三〇（一八九七）年一〇月七日の『時事新報』の論説「事実を見る可《べ》し」では、次のように書いています。

本来朝鮮人は数百年来儒教の中毒症に陥《おちい》りたる人民にして、常《つね》に道徳仁義を口にしながら其衷心《そのちゅうしん》の腐敗醜穢《しゅうわい》、殆《ほと》んど名状《めいじょう》す可《べか》らず。上下一般、共《とも》に偽君子《ぎくんし》の巣窟《そうくつ》にして、一人として信を置くに足るものなきは、我輩《わがはい》が年来《ねんらい》の経験に徴《ちょう》するも明白なり。左《さ》れば斯《かか》る国人に対して如何《いか》なる約束を結ぶも、背信違約《いやく》は彼等の持前《もちまえ》にして毫《ごう》も意に介《かい》することなし。既《すで》に従来の国交際上にも屢《しばし》ば実験したる所なれば、朝鮮人を相手の約束ならば最初より無効のものと覚悟して、事実上に自《みず》から実《じつ》を収《おさ》むるの外《ほか》なきのみ

もともと朝鮮人は数百年この方、儒教の中毒症にかかりつづけた国民であり、道徳仁義をつねに口にするものの、心底は腐敗しており、その醜《みにく》くけがらわしいさまは言い表わすことが困難なほどである。身分の高い者から低い者まですべてがみせかけだけの君子の巣窟であり、誰ひとりとして信頼できる者がいないことは私の長年の経験に照らしても明白である。したがって、このような国民とはどんな約束を結んでも、背信と違約が彼らの本性であるから、これを意に介する必要はまったくない。すでにこれまでの外交においてもしばしば経験ずみのことであり、朝鮮人相手の約束ならば、はなから無効のものだと覚悟して、実を取る以外に方法はない。

どんなにか深い絶望を福澤が味わわされてきたかが、ストレートな感情そのままに表現されている文章です。

過剰なる文明主義　無益のこと

時間がもう少し経ちますと、今度は朝鮮に対する日本の対応のいかんにも問題があったと自省する考えをも、福澤は表出《ひょうしゅつ》するようになります。明治三一（一八九八）年四月二八日の『時事新報』の論説「対韓の方針」がその典型です。結論からいえば、日本が朝鮮に対して「文明主義」をいささか過剰にもちすぎたことに対韓方針の失敗があったというのです。この論説あたりが朝鮮に関する福澤のほとんど最後のものだといえましょう。このように書かざるをえなかった無念の深さをかみしめながら、文明主義をもって日本が朝鮮に臨んだことの福澤の慚愧の思いについて読んでください。

日本人の考《かんがえ》にては彼《か》の国情を以《もっ》て恰《あたか》も我《わが》維新前の有様に等しきものと認め、政治上の改革を断行して其《その》人心を一変するときは、直《ただち》に我国の今日に至《いた》らしむこと難《かた》からずとて、自国の経験を其儘《そのまま》に只管《ひたすら》他を導《みちびき》て同じ道を行《い》かしめんと勉《つと》めたることとなりしに、豈《あ》に図《はか》らんや、彼等の頑冥不霊《がんめいふれい》は南洋の土人にも譲《ゆず》らずして、其道を行く能《あた》はざるのみか、折角の親切を仇《あだ》にして却《かえっ》て教導者を嫌ふに至りしこそ是非《ぜひ》なけれ。日清戦争の当時より我国人が所謂《いわゆる》弊政《へいせい》の改革を彼《か》の政府に勧告して、内閣の組織を改め、法律及び裁判の法を定め、租税の徴収法を改正する等、形の如《ごと》く日本同様の改革を行《おこな》はしめんとしたるは、即《すなわ》ち文明主義に熱したる失策にして、其結果は彼等をしてますく日本を厭《いと》ふの考《かんがえ》を起《おこ》さしめたるに過ぎざるのみ。抑《そもそ》も朝鮮には自《みず》から朝鮮固有の習慣あり。其習慣は一朝《いっちょう》にして容易に改む可《べ》きに非《あら》ず

日本人の考えによれば、朝鮮の国情についてこれをあたかも明治維新前の日本の状況と同じものだとみて、政治改革を断行し国民の人心を一変させることができれば、現在の日本と同様になることは困難ではないとみなし、自国の経験をそのまま伝え導いて同方向への道を歩ませようと努めた。しかし、思いがけないことに、彼ら朝鮮人の頑迷無知は南洋の土人にも劣らず、その道をたどらないばかりか、折角の親切を目の仇《かたき》にし、かえって教導者を嫌悪するにいたってはやむをえない。日清戦争当時、日本がいわゆる彼の旧弊政治の改革を朝鮮政府に勧告して、内閣組織を改め、法律ならびに司法法規を定め、租税徴収の方法の改正等々についてかたどおり日本と同様の改革を遂行させようとしたことは、文明主義を過剰に押しつけた失策なのであろう。過剰な文明主義の押しつけはいよいよ日本への嫌悪の情を強めるだけの結果に終わってしまったというべきである。朝鮮にはそもそも彼の国固有の習慣がある。その習慣をにわかに改めようというのは容易なことではないのである。

第8章

「瘠せ我慢の主義を捨てたる者」

——人の食を食《は》む者は人の事に死す——

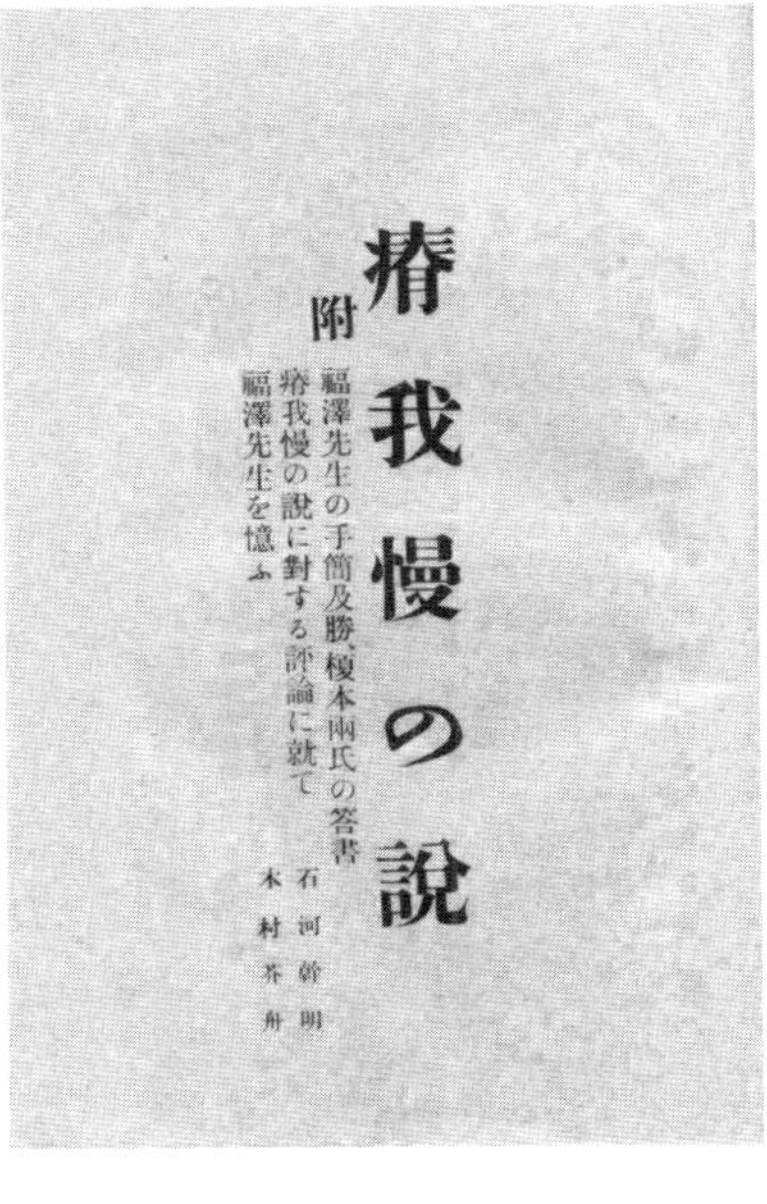

瘠我慢の説

附
福澤先生の手簡及勝、榎本兩氏の答書
瘠我慢の説に對する評論に就て　石河幹明
福澤先生を憶ふ　木村芥舟

『瘠我慢の説』中扉　明治34年

忠臣は二君に仕えず

『瘠我慢之説』

開国・維新期における二人の傑物、勝海舟と榎本武揚の出処進退を論じた一瀉千里《いっしゃせんり》の福澤諭吉の論説が『瘠我慢之説《やせがまんのせつ》』です。明治二四（一八九一）年一一月に脱稿したものの、現職の政府高官の名誉にかかわる微妙な問題を提起した論説であるために、『丁丑公論』と同じくこれも公にはせず、最終的には明治三四（一九〇一）年一月一日以降の『時事新報』の連載として公表されることになった論説です。脱稿の一〇年後、福澤の死去は掲載の直後でした。

この『瘠我慢之説』こそ、『丁丑公論』と一対をなす、福澤の名文ここに極まれりというべき文章です。福澤の論説の中でも筆者が最も好きな、凛《りん》とした響きの論説です。最後の章にこの論説についての私見を述べながら、本書を閉じたいと思うのです。

読者の中には、勝海舟と榎本武揚がどういう人物か、その概要はご存じの方も多いかと思います。『瘠我慢之説』に登場するにいたるまでの二人の人生については、福澤の論文を読むためにどうしても必要なことですので、ごく簡単に記しておきましょう。

勝海舟、幼名かつ通称麟太郎は、極貧の中にありながらも学問に励み、剣を磨き、西洋の兵法《ひょうほう》を修め、蘭学を学びました。その才能を老中の阿部正弘に見込まれ、蕃書《ばんしょ》翻訳（洋書翻訳）勤務を命じられ、立身の道を開きます。その後、長崎の軍艦操練所教授方頭取に転進、オランダ人教師に軍艦術を習います。万延元（一八六〇）年には「咸臨丸《かんりんまる》」に乗船、日本初の太平洋横断の快挙を成し遂げます。たまたまのことですが、咸臨丸には福澤諭吉も同船しておりました。咸臨丸は、日米通商条約の批准書交換のために政府使節団を乗せて渡米するアメリカ軍艦「ポーハタン号」護衛のための艦船です。咸臨丸の軍艦奉行が摂津守《せっつのかみ》木村喜毅《よしたけ》です。木村の知遇を得て福澤は咸臨丸に乗ることになった次第です。

帰国後の勝は、軍艦奉行の安房守《あわのかみ》となり、神戸海軍操練所の開設などでのめざましい活躍を経て、幕府の大物へと変じていきます。その活躍の最大の場が西郷隆盛との合議による江戸城無血開城であったことは読者もよくご存じのはずです。

新政府の出仕要請に応じる幕臣

『瘠我慢之説』を福澤が書くにいたった次第はこうです。幕末となって勢力を一段と衰微させた徳川幕府は、慶応三（一八六七）年、ついに大政の朝廷への奉還（「大政奉還」）を余儀なくされます。次いで「王政復古の大号令」が出され、ここに幕府は廃絶のやむなきにいたりました。そのうえで幕府軍――もうここからは旧幕府軍といわざるをえませんが――は京都に陣を張る薩長軍を排除しようと目論んで挑んだ戦いが「鳥羽伏見の戦い」です。旧幕府軍はこれに無惨にも敗退、将軍徳川慶喜《よしのぶ》は陣を張っていた大坂城から江戸城に向けて脱出。薩長軍――すでに官軍です――は徳川慶喜を追って江戸に向け進軍、ついに江戸城総攻撃の準備を整えるにいたりました。

江戸城内は主戦派（抗戦派）と和戦派が鋭く対立、両者が罵倒し合うありさまだったようです。徹底抗戦派の最高指導者は勘定奉行《かんじょうぶぎょう》の小栗忠順《ただまさ》でしたが、和戦両様の構えであった慶喜が恭順派へと方向を転じ、徹底抗戦派の小栗を罷免《ひめん》、小栗にかわって和戦派の勝海舟が海軍奉行かつ陸軍総裁の任命を受けて西郷との交渉に臨んだのです。

小栗は、この後、官軍に捕えられて斬殺されるという運命をたどります。恭順に絶対反対を唱える幕臣は、小栗を筆頭に少なくありませんでした。和戦派の勝を暗殺しようとする動きもあったようです。勝が主戦派の幕臣団の暴発を防ぎながら、和戦の方向へと江戸城内をまとめていくのはさぞや難題であったにちがいありません。しかし、そのためにも西郷との和議は、迅速にこれを進めるより他なかったものと思われます。

東征大統督府参謀《さんぼう》の西郷が、江戸の薩摩藩三田屋敷に入ったとの報が入るや、勝はただちにここに出向き、西郷を説いて江戸城攻撃をひとまず延期させることに成功しました。しかし、それから一カ月も経たない間に、結局、江戸城は官軍に引き渡されることになりました。勝が恐れていたのは、幕末の混乱期にイギリスやフランスなどの列強が日本に介入してくる危険性でした。

実際、小栗忠順は幕軍強化を求めてフランスに接近し、駐仏、外国奉行の栗本鋤雲《くりもとじょうん》などをつかわせ、軍備増強のためにフランスからの借款《しゃっかん》契約をすでに成立させていたのです。このことが勝と小栗との決定的な対立の原因であったといわれています。

徳川藩は静岡藩すなわち駿河国府中城（駿府城）に移され（移封《いほう》）、石高は八〇〇万石余から実に七〇万石へと一挙に減封《げんぽう》されてしまいました。この石高で養える幕臣団はわずかであり、徳川藩はみる影もないほどに零落《れいらく》してしまいました。勝も徳川藩の駿府移封にともなってここに移住せざるをえませんでした。しかし、新たに統治者となった政府は、勝の抜群に高い行政的才能を必要としており、再三の出仕要請を勝に迫ります。勝もついにはこれに応じ、海軍大輔として東京移住、征韓論争で西郷などが下野した後には参議兼海軍卿、元老院議員、伯爵、枢密院《すうみついん》顧問などを経て明治三二（一八九九）年没、享年七七。まことにきらびやかな生涯でした。

榎本が位を極めていいのか

榎本武揚は、昌平坂学問所を経て、アメリカ帰りの中濱万次郎の塾で研鑽、長崎海軍伝習所において勝海舟の知遇を得ました。その後、オランダ留学生となり、航海術、砲術、造船術、機関学、国際法などを修得しました。幕府がオランダに発注していた軍艦の「開陽丸」が完成すると、これに乗船して帰国、その後開陽丸の船将に任命されます。

榎本は鳥羽伏見の戦いに敗れた後、海軍副総裁として徳川慶喜の東京帰還に同道。江戸城開城の後は、官軍から軍艦銃砲の接収を要求されたものの、これを拒否、軍艦八隻を率いて品川を脱出、箱館（函館）に蝦夷《えぞ》地政府を樹立するにいたりました。官軍による猛攻を受けて降服《こうふく》、東京に護送されて禁固刑を余儀なくされます。しかし、間もなく特旨《とくし》により刑の赦免を受け、直ちに開拓使として北海道に任を命じられ、各地の踏査に乗り出します。

その後は海軍中将となり、旧幕府政権時代以来の懸案であった樺太帰属問題の解決の任を与えられ、特命全権大使としてサンクトペテルブルクのロシア公使館に出講、日露樺太・千島交換条約の調印に大いなる貢献を残しました。馬車でシベリアを踏破して帰任、条約改正取調御用掛、外務大輔、海軍卿、駐清特命全権公使として天津条約の締結に尽力、逓信大臣、子爵《ししゃく》、文部大臣、枢密院顧問官、外務大臣、農商務大臣を歴任、明治四一（一九〇八）年に没します。享年七二。勝海舟に劣ることのない名声を明治新政府において得たのです。

以上が勝海舟と榎本武揚の人生の概略です。二人とも忠勇なる幕臣でありながら、幕府崩壊後は明治新政府の要職中の要職を歴任し、刮目《かつもく》すべき政治的業績をあげた人物です。そして、実は福澤諭吉のこの二人に対する憤懣《ふんまん》といいますか、憤怒にも似た批判も、かつては幕府の忠臣であった者が、幕府を倒して樹立した政権の中で枢要な政治的地位を与えられ、かつ位を極めたという事実そのものにあります。こういういわば「二君に仕える」がごとき出処進退の、倫理上あるいは道義上の問題を主題として書かれたものが『瘠我慢之説』に他なりません。

咸臨丸殉難諸氏記念碑

福澤が『瘠我慢之説』を書くきっかけとなったのは、文章の調子からいうと次のような事情にあったものと思われます。

明治二四（一八九一）年一一月のことです。この年の秋に福澤は、徳川藩が移封された駿府《すんぷ》城あたりがいまどうなっているのかが気になり、ここに出向いたのです。途次、初めてアメリカに渡った時の咸臨丸が、その後運搬船として幕府によって用いられていたものの、清水港に停泊中に官軍の攻撃にさらされて、七名の船員が殺害されたことを福澤は知っておりました。当時、官軍の目をはばかって死者を葬る者が誰もおらず、死体は朽ちるままに船中に放置されていたらしいのです。これをみかねた駿河の侠客《きょうかく》清水の次郎長こと山本長五郎《ちょうごろう》が手下を使って船から遺体を引き出し、手厚く葬ってやったのだそうです。その一七回忌に改めて清水港近くの興津《おきつ》の清見寺《せいけんじ》に「咸臨丸殉難諸氏記念碑」が建立され、福澤はこれを弔うために寺を訪れたという次第です。

福澤は石碑の背後にまわり、「食人之食者死人之事」と刻み込まれ、これを揮毫《きごう》した者の名前として「従二位榎本武揚」と鮮やかに彫られているのを目にしました。

「食人之食者死人之事」は「人の食《しょく》を食《は》む者は人の事に死す」と読みます。〝徳川家の幕臣として仕え禄《ろく》を食んだ者は徳川家の事に死すべきだ〟といった意味です。同時に、福澤の頭をよぎったのは、この年の五月に榎本が外務大臣に任じられ「位人臣《くらいじんしん》を極め」たことであったにちがいありません。

箱館での戦いで榎本にしたがい、官軍への投降を拒否して惨たる戦死を余儀なくされた多くの部下をそのままに、自身は生き恥を晒《さら》して拘束され、東京に護送、禁固の刑に処せられたものの、ぬくぬくと生き伸び、明治新政府においては大いなる重用《ちょうよう》を受け名声を得ている者が、後世に残る石碑にそんなことを刻みつけていいはずがないという怒りが福澤の心頭に発したものと想像されます。怒気《どき》を含んだ気分を収めることができないままに福澤は東京に戻り、一気にしたためたものが『瘠我慢之説』だったようです。

福澤は、榎本の出処についてまずこう記しています。

古来の習慣に従えば、凡《およ》そこの種の人は遁世《とんせい》出家して死者の菩提《ぼだい》を弔《とむら》うの例もあれども、今の世間の風潮にて出家落飾《らくしょく》も不似合《ふつりあい》とならば、唯《ただ》その身を社会の暗処に隠してその生活を質素にし、一切万事控目《ひかえめ》にして世間の耳目《じもく》に触《ふ》れざるの覚悟こそ本意なれ

古来の習慣にしたがえば、この種の人は俗世から離れ仏門に入り、死者の冥福《めいふく》を祈って供養を行うべきはずの存在である。現在の世間の風潮からして、仏門に入り髪を剃り落すというのも似つかわしくないというのであれば、身を人目につかないところに隠して生活を質素にし、すべてのことを控えめにし、人々の耳目に触れないという覚悟こそ本来の意たるべきであろう。

敗すればその苦難に当たるべし

福澤はさらに次のようにつづけます。

維新の際、脱走の一挙に失敗したるは、氏が政治上の死にして、仮令《たと》いその肉体の身は死せざるも最早《もはや》政治上に再生すべからざるものと観念して唯《ただ》一身を慎《つつし》み、一は以《もっ》て同行戦死者の霊を弔《ちょう》して又《また》その遺族の人々の不幸不平を慰め、又一には凡《およ》そ何事に限らず大挙してその首領の地位に在《あ》る者は、成敗共《とも》に責《せめ》に任《にん》じて決して之《これ》を遁《のが》るべからず、成《な》ればその栄誉を専《もっぱ》らにし敗すればその苦難に当るとの主義を明《あきらか》にするは、士流社会の風教上に大切なることなるべし。即《すなわ》ち是《こ》れ我輩《わがはい》が榎本《えのもと》氏の出処《しゅっしょ》に就《つ》き所望《しょもう》の一点にして、独《ひと》り氏の一身の為《た》めのみにあらず、国家百年の謀《はかりごと》に於《おい》て士風消長《しょうちょう》の為めに軽々看過《けいけいかんか》すべからざる所のものなり

明治維新に際して脱走の企てに失敗したという事実は、榎本氏にとっては政治上の死を意味する。たとえ肉体の身は滅んでいなくとももはや政治の世界に再生すべきでないと覚悟し、謹慎に徹して、一つには函館で殉じた兵士の霊を弔い、さらに遺族の人々の不幸不平を慰め、もう一つには何ごとによらず企てをなしてその首領の座を占めた者は、成敗のいかんにかかわらず責任を逃れることはできない。勝利すれば栄誉をほしいままにし、敗北すればその苦難に甘んじるという考えを明瞭に打ち出すことは、士族社会の風習においてもきわめて大切なことで

ある。つまりこのことこそ私が榎本氏の出処について望むところの一点だと考える理由であり、このことはひとり榎本氏のためというばかりではなく、国家百年の計略における士風の栄枯盛衰のために決して見捨てておいてはいいことではない。

ポイントは終わりの二行です。「出処」とは身の振り方のことですが、ちなみに「出」は世に出て官に仕えること、「処」は官を退いて民間にあることを意味します。「消長」とは栄枯盛衰といった漢語と同じ意味です。もうおわかりのことと思いますが、福澤のいいたいことは、戦いに勝てばその栄誉を受けてもいいが、敗退した者はその責《せめ》を負うべきであり、敗退の後は苦難の道を歩まざるをえないのは当然ではないか。これはかつて武士として生きた人間であれば主義として擁していなければならないことである。榎本は戦いに敗れ、あまつさえ脱走に失敗して捕えられたのであるから、これは「政治上の死」を意味する。政界で再生を図ろうとは何ごとか。

榎本の身の振り方について福澤がコメントするのは、別に榎本を個人として難じたいがためではない。榎本は武人としての考え方や行動の規範から逸脱しており、これは国家永続のために決して看過していい問題ではない、と福澤はいっているのです。榎本の進退に関する嫌悪の情と忿《ふん》懣《まん》をストレートに噴出させている文章です。

福澤は返す刀で、かねてよりその出処に強い懸念を抱いていた勝海舟に斬りつけ、一段と激越な非難の言葉を投げつけます。

瘠我慢の一義

立国は私なり公に非ざるなり

そもそも福澤が、榎本にせよ勝にせよその出処のあり方を難じる際に論拠としたいわば「原理」について考えておくことが必要です。『瘠我慢之説』は、「立国は私なり、公に非《あら》ざるなり」の一文をもって始まります。

人間は誰しも自分の属する共同体を慈《いつく》しみ、国家が成立すればこれを愛する、そもそもそういう私的な存在なのだという意味です。

忠君愛国の文字は哲学流に解すれば純乎《じゅんこ》たる人類の私情なれども、今日までの世界の事情に於《おい》ては之《これ》を称して美徳と云《い》わざるを得ず。即ち哲学の私情は立国の公道にして、この公道公徳の公認せらるゝは啻《ただ》に一国に於て然《しか》るのみならず、その国中《くにじゅう》に幾多の小区域ある時は、毎区《まいく》必ず特色の利害に制《せい》せられ、外に対するの私を以《もっ》て内の為《た》めにするの公道と認めざるは

なし

忠君愛国は、その文字だけをみて哲学流に理解するならば、人間の純粋な私情である。現在までの世界の実情からすると、この私情こそが美徳だといわねばならない。すなわち哲学流の私情こそが立国の公道に他ならない。この公道という徳義が広く認められているのは、一国内においてだけではなく、一国の中にいくつかの小区域が存在する場合には、それぞれの区域に特有の利害があって人々の行動のあり方を左右し、区域外に対する時には私情をもって区域内のために行動することがすなわち公道である、といわねばならない。

最後のセンテンス、「外に対するの私を以て内の為めにするの公道と認めざるはなし」は、外（外の一地域、または外国）に対する場合は、私情をもって内（国内の地域、または一国）のために努めることがすなわち公道なのだ、ということです。とりわけ一国が衰退の危機に陥るような時期においては、死んでも国を守る気概をもつことが公道そのものなのだというのが福澤の次の主張です。

自国の衰頽《すいたい》に際し、敵に対して固《もと》より勝算なき場合にても、千辛万苦《せんしんばんく》、力のあらん限りを尽《つく》し、いよいよ勝敗の極に至《いた》りて始《はじ》めて和《わ》を講《こう》ずるか若《も》しくは死を決するは立国の公道にして、国民が国に報《ほう》ずるの義務と称すべきものなり。即《すなわ》ち俗に云《い》う瘠我慢《やせがまん》なれども、強弱相対《あいたい》して苟《いやしく》も弱者の地位を保つものは、単にこの瘠我慢に依《よ》らざるはなし。啻《ただ》に戦争の勝敗のみに限らず、平生の国交際に於ても瘠我慢の一義は決して之《これ》を忘るべからず

仮りに、戦いにおいて勝利の可能性がなくなったとしても、戦う以上はいかなる苦難に際しても力のあらん限りを尽くし、最終的に敗色濃しとなれば和議を提案し、これが受け入れられなければ死を決する覚悟をもつことが立国の公道であり、この公道に従うことが国民の義務である。つまりはこれが俗にいう瘠我慢である。瘠我慢なくして、弱者が強者に対峙して地位を保つことなどできない。瘠我慢の精神をもたない国は戦争においてはもとより、外交においてさえ敗北を喫せざるをえないではないか。

これが福澤の原理上の問題提起です。とりわけ一国が興亡を賭して戦うといった場合には、このことが絶対的に必要なことだというのが、冒頭の「自国の衰頽に際し」の意味なのです。

三河武士団

瘠我慢の一義を最も極端に示すものが、徳川家康を「主公」（主君）として戴《いただ》いた三河武士団だと福澤はいいます。三河武士というのは、徳川家康に仕えて江戸幕府の創設に貢献した三河出身（愛知県の南端）の譜代の家臣のことですが、福澤は彼らの中に瘠我慢の精神の典型をみています。

古来士風の美と云《い》えば三河武士の右に出る者はあるべからず、その人々に就《つい》て品評《ひんぴょう》すれば、文に武に智に勇におのおの長《ちょう》ずる所を殊《こと》にすれども、戦国割拠《かっきょ》の時に当《あた》りて徳川の旗下《きか》に属し、能《よ》く自他の分を明《あきらか》にして二念《にねん》あることなく、理《り》にも非にも唯《ただ》徳川家の主公《しゅこう》あるを知《しり》て他を見ず、如何《いか》なる悲運に際して辛苦《しんく》を嘗《なめ》るも曾《かつ》て落胆することなく、家の為《た》め主公の為めとあれば必敗必死《ひっぱいひっし》を眼前に見て尚《な》お勇進するの一事は、三河武士全体の特色、徳川家の家風なるが如《ごと》し。是即《これすなわ》ち宗祖《しゅうそ》家康公が小身《しょうしん》より起《おこ》りて四方《しほう》を経営し遂《つい》に天下の大権を掌握したる所以《ゆえん》にして、その家の開運は瘠我慢《やせがまん》の賜《たまもの》なりと云《い》うべし

古来、士風の美といえば三河武士の右に出る者はない。彼らを評価すれば、文事においても武事においても知恵においても勇気においても、それぞれ異なるけれども、群雄割拠《ぐんゆうかっきょ》の時代にあって徳川の旗の下に集い、それぞれ自他の区分はあれども心を一つにして、道理にかなっていようといまいと、ただただ徳川家の主君のみのことを考えて他を顧りみず、どんな悲運の辛苦をなめさせられようとも落胆することなく、徳川家のため主君のためとあらば敵が眼前に迫っていても必敗必死の覚悟で勇んで前に進むという一点からみて、これこそ三河武士の特色であり家風だということができる。このことこそ徳川家の開祖家康公が、身分が低く禄が少ない人物でありながら、周辺を固め、ついに天下の大権を掌握した理由であり、徳川家の開祖は瘠我慢の賜だといわねばならない。

群雄割拠の戦国時代においてさまざまな種類の人間が徳川の軍勢に加わったのだが、彼らは自分の分限をよく知り、徳川に仕える点においてはまったく考えを同じにしており、ただ徳川家の主君の意向だけにしたがって戦ったがために、徳川家康はもともとは地位が低く禄《ろく》が少ない人物であったにもかかわらず、徳川家の開祖となりえた。徳川家の開運とは、すなわち三河武士の瘠我慢なくしてはありえないものであったというのです。したがって、といって福澤はさらにつづけます。

瘠我慢の一主義は固《もと》より人の私情に出ることにして、冷淡なる数理より論ずるときは殆《ほと》んど児戯《ちぎ》に等しと云《い》わるゝも弁解に辞《ことば》なきが如《ごと》くなれども、世界古今《こきん》の実際に於《おい》て、所謂《いわゆる》国家なるものを目的に定《さだ》めて之《これ》を維持保存せんとする者は、この主義に由《よ》らざるはなし。我《わが》封建の時代に諸藩の相互に競争して士気を養うたるもこの主義に由り、封建既《すで》に廃して一統《いっとう》の大日本帝国と為《な》り、更に眼界《がんかい》を広くして文明世界に独立の体面を張《は》らんとするもこの主義に由らざるべからず。……百千年の後に至るまでも一片の瘠我慢は立国の大本《おおもと》として之を重んじ、いよいよますます之を培養してその原素《げんそ》の発達を助《たす》くること緊要《きんよう》なるべし

瘠我慢の一主義は元来が私情に発するものであり、冷厳な論理をもってすれば、まるで価値がないといわれても弁解できないが、古くからの世界の現実を眺めてみれば、国家なるものの

建設を目的とし、これを維持保存しようとする者であれば、瘠我慢の主義に依拠しないというわけにはいかない。日本の封建時代において諸藩が相互に競争しながら士気を養ってきたのも、この主義があったからである。封建社会はすでに打ち捨てられ、一つのまとまった大日本帝国となった以上、視界を広くし世界の中で独立の面目を保つためにも、瘠我慢の主義は不可欠のものだということができる。……一片の瘠我慢は百千年の将来にいたるまで立国の大本としてこれを重んじ、いよいよますますこれを大きく育ててその元素の発達を促すことが非常に差し迫った課題となっているというべきであろう。

勝海舟

重ねて、福澤は中国の故事を引いて、百戦必敗が疑いがないとしても、といって次のようにいいます。

後世の国を治《おさめ》る者が経綸《けいりん》を重んじて士気を養《やしな》わんとするには、媾和《こうわ》論者の姑息《こそく》を排《はい》して主戦論者の瘠我慢を取らざるべからず

後世、国家を統治する者が経綸を重んじて士気を育成しようというのであれば、その場しのぎの講和論を拝して主戦論の瘠我慢を選択しないというわけにはいかない。

「経綸」とは、国家の秩序を整えて国を統治することです。ここでのキーワードも「士気」です。この論説に何度も出てくるのが「士風」とか「士気」とか「士魂」という言葉です。後々の経綸を重んじる者は士気を高くし、瘠我慢の義に徹しなければならない、といいます。しかしまことに残念ながら、幕末期において瘠我慢の一主義を捨て、敵方に降伏した人物がいるというのです。勝海舟（安房守《あわのかみ》）のことです。

然《しか》るに爰《ここ》に遺憾なるは、我《わが》日本国に於《おい》て今を去ること廿余《にじゅうよ》年、王政維新の事起《ことおこ》りて、その際不幸にもこの大切なる瘠我慢の一大義を害《がい》したることあり。即《すなわ》ち徳川家の末路《まつろ》に、家臣の一部分が早く大事の去るを悟《さと》り、敵に向《むかい》て曾《かつ》て抵抗を試みず、只管《ひたすら》和を講じて自《みず》から家を解きたるは、日本の経済に於《おい》て一時の利益を成《がい》したりと雖《いえど》も、数百千年養い得たる我日本武士の気風を傷《そこな》うたるの不利は決して少々ならず

しかし、実に遺憾なことだが、わが日本においていまを去ること二〇余年前、王政復古の明治維新が起こり、この維新に際して不幸にも瘠我慢という貴重なる大義を損《そこ》なうできごとがあった。すなわち徳川家の末路に、家臣団の一部が少しでもはやく大事が去るべきだと考え、敵に対してついぞ抵抗することなく、ひたすら講和を策してみずから進んで徳川家を解体してしまったということがあった。このことは日本の経済に一時的な利益をもたらしたとはいえ、数百年にわたり養われてきたわが日本武士の気質を損なったという不利においてまことに大き

なものがある。

この「数百千年養い得たる我日本武士の気風を傷うたる」人物こそが勝海舟だと福澤はいいます。

その口に説く所を聞けば主公の安危《あんき》又は外交の利害など云《い》うと雖《いえど》も、その心術《しんじゅつ》の底を叩《たた》て之《これ》を極《きわ》むるときは彼《か》の哲学流の一種にして、人事国事《じんじこくじ》に瘠我慢は無益なりとて、古来日本国の上流社会に最も重んずる所の一大義を曖昧模糊《あいまいもこ》の間に瞞着《まんちゃく》したる者なりと評して、之《これ》に答うる辞《ことば》はなかるべし

勝氏の説くところによれば、主君の安危にかかわる大事あるいは外交上の利害などを考えてのことだというが、その心底に潜むものをよくみてみれば、勝氏の主義主張に通底するものは人事や国事に瘠我慢などは無益なことだという考えであり、勝氏は、古来日本の上流社会で最も重んじられてきた大義をあやふやでぼんやりとしたものにして人を欺いた者に他ならない。そう評して、氏には反駁《はんばく》することなどできないであろう。

それでもこれが幕府軍と倒幕軍という国内の権力闘争であるのならまだしも、わが国と外国との戦争であったとしたら手際よく軍を引いてしまったりした場合にはどうなっていたことかと嘆

じてさらに次のようにいうのです。

内に瘠我慢なきものは外に対しても亦《ま》た然《しか》らざるを得ず。之《これ》を筆にするも不祥《ふしょう》ながら、億万一にも我《わが》日本国民が外敵に逢《あ》うて、時勢《じせい》を見計《みはか》らい手際《てぎわ》好《よ》く自《みず》から解散するが如《ごと》きあらば、之《これ》を何とか言わん。然《しか》り而《しこう》して幕府解散の始末《しまつ》は内国の事に相違なしと雖《いえど》も、自《みず》から一例を作りたるものと云《い》うべし

国内で瘠我慢のできない者は外国に対しても同様だといわざるをえない。こんなことを書くのも不吉で縁起でもないが、億万が一でもわが日本国民が外敵と抗して、なりゆきを見計らい手際よく兵を解くようなことがあったとしたら、これを何と表現したらいいのであろうか。かくして幕府解散の顚末《てんまつ》は国内のことにはちがいないが、その一例をつくったものだといわざるをえない。

外国と戦っているうちに、みずから兵を引いてしまうなどということがありえようか。勝のやったことは、つまりはそういうことなのではないか、と福澤は苦々しい思いで述べています。

後世子孫これを再演する勿《なか》れとの意を示して、断然政府の寵遇《ちょうぐう》を辞し、官爵《かんしゃく》を棄《す》て利禄《りろく》を抛《なげう》ち、単身去《さり》てその跡を隠《かく》すこともあらんには、世間の人も始めてその誠《まこと》の在《あ》る所を知りて

その清操《せいそう》に服《ふく》し、旧政府放解《ほうかい》の始末も真に氏の功名《こうみょう》に帰すると同時に、一方には世教《せいきょう》万分の一を維持するに足るべし。即ち我輩の所望《しょもう》なれども、今その然《しか》らずして恰《あたか》も国家の功臣《こうしん》を以《もっ》て傲然《ごうぜん》自《みず》から居るが如き、必ずしも窮窟《きゅうくつ》なる三河武士の筆法《ひっぽう》を以て弾劾《だんがい》するを須《ま》たず、世界立国の常情《じょうじょう》に訴《うった》えて愧《はじ》るなきを得ず。啻《ただ》に氏の私の為《た》めに惜しむのみならず、士人社会風教《ふうきょう》の為めに深く悲むべき所の者なり

後世の子孫が決してこのようなことをするべきではないとの意を世に示して、政府からの手厚い待遇を断固辞退し、官位爵位、給料を返上し、ひとりひっそりと身を隠すというのであれば、世間の人々も初めて勝氏の誠実さを知ってその節義に感服し、旧政府崩壊の事情も本当に勝氏の功績であったことを認め、また一方では世にゆきわたっている教えを維持することにわずかではあれ寄与しよう。勝氏がいますぐにそうはせずにまるで国家の功臣であるかのごとく傲然《ごうぜん》としてその地位にとどまるのであれば、少し窮屈な三河武士の論法をもって責を負わせるまでもなく、世界に立国する日本の世間一般の人々のものの見方からしても、それは恥ずべきことだといわざるをえない。私はたんに勝氏のためにこのことを惜しむだけではなく、士族社会の風教のために深く悲しむべきことだと考える者である。

こういって福澤は勝氏非難の筆を収めます。『瘠我慢之説』は、さきにもいいましたように、明治二四（一八九一）年一一月七日に脱稿したものですが、これは福澤家に長らく秘されていて、

公表されたのは明治三四（一九〇一）年一月の『時事新報』の元旦号からです。『丁丑公論』の場合も同じような経緯をたどって、書かれた時点と公表された時点とが大きく異なるものであったことは、これも前章で書いた通りです。後者『丁丑公論』の場合は、新聞紙条例や讒謗律のゆえに刑罰を覚悟せずしては公表がはばかられたという事情がありました。また前者『瘠我慢之説』の場合には、政府の高官として現に高位ある人物の出処進退について激しい表現をもって難じるというのには、いかな福澤といえども、さてとなると逡巡《しゅんじゅん》があったのにちがいありません。

それがゆえでありましょう、福澤は、公表に際しては、万が一にでも記述に誤りがあってはならないと考え、素稿を勝、榎本の両氏に送ってその意見を求めています。福澤の勝、榎本両氏に対する書簡と両氏の返答の書簡が残されています。両氏宛の福澤の書簡のポイントの部分はこうです。政府高官に対する書簡ですから随分と固い漢語調ですが、ルビを多用しましたので、その通りに読み下していけば、意味はおのずと明瞭なはずです。「無御腹臓」は、〝ご腹臓なく〟と読んで、包み隠すことなくの意味です。

何《いず》れ是《これ》は時節を見《み》計《はからい》、世に公《おおやけ》にする積《つもり》に候得共《そうらえども》、尚《な》お熟考仕《つかまつり》候《そうろう》に、書中或《あるい》は事実之《これ》間違《まちがい》は有之《これある》間敷《まじき》哉《や》、又は立論之旨《むね》に付《つき》御意見は有之間敷哉、若《も》しこれあらば無御腹臓《ごふくぞうなく》被仰聞被下度《おおせきかされくだされたく》、小生の本心は漫《みだり》に他を攻撃して楽しむものにあらず、唯《ただ》多《た》年来《ねんらい》心に釈然《しゃくぜん》たらざるものを記《しる》して輿論《よろん》に質《ただ》し、天下後世の為《た》めにせんとするまでの事なれば、当局の御本人

に於《おい》て云々《うんぬん》の御説《おせつ》もあらば拝承致《はいしょういた》し度《たく》、何卒《なにとぞ》御漏《もら》し奉 願《ねがいたてまつり》候

この論説はいずれふさわしい時期を見計らって公表するつもりでおりますけれども、なお熟慮しております。論評の中に事実についての誤りがあるいはあるかもしれません。また立論の趣旨についてご意見がおありかもしれません。もしそういうところがあれば率直にお聞かせ願いたい。私の本心はみだりに他人を攻撃してこれを楽しむといったものではなく、ただ長年心にかかりすっきりしないものがあって、これを記して世間の人々に提示し、天下のために公表しようということでありますから、当のご本人にあれこれのお考えがあるのであれば、謹んでこれを承ることにしたいと存じますので、何卒ご意見をお寄せ下さいますようお願い申し上げます。

行蔵は我に存す　毀誉《きよ》は他人の主張

これに対する勝の返答は次の通りです。

行蔵《こうぞう》は我に存す、毀誉《きよ》は他人の主張、我に与《あずか》らず我に関せずと存候《ぞんじそうろう》。各人え御示《しめし》御座候とも毛頭異存無之《いぞんこれなく》候

出処進退のことは私自身のことであります。これをけなしたり、ほめたりは他人のすることですから、私には関係なく我関せずと心得ております。世間に論説をお示し下ったとしても私

には毛頭異存はありません。

福澤に劣らず、立派な文章だというべきでしょう。榎本の場合は、別途意見を申し述べたいが、目下のところ忙しくて返答する時間がない、という素気のないものでした。

ここまで周到に論説の準備はしたものの、福澤自身による公表は、逝去前後まで差し控えられておりました。なぜ、これほどの格調高き名文かつ文意が明快な論説を公表しなかったのでしょうか。私にもその理由はつまびらかではありません。しかし、福澤にその勇気がなかったわけではありません。まったくの想像ですが、福澤が自分の考え方を余りにあからさまに書いてしまったために、他の自分の論説などに誤解を与えるようなことがあるのは馬鹿げたことだ、と思い直した可能性はなくはありません。

逆に、すぐに公表するわけではないので、その分、自分の思いの丈《たけ》を存分に表出できたという意味で、福澤の真実が最も鮮明に表われているのが『丁丑公論』と『瘠我慢之説』だということができるのではないかと思います。

おわりに――英人の必ず我れに応ぜんことを信ずるものなり

福澤も年老い、朝鮮を論じるにはもはや諦観しかなくなり、福澤最後の朝鮮論を明治三一（一八九八）年四月一八日付の『時事新報』に論説「対韓の方針」として載せ、対韓方針への反省を込めて朝鮮論の筆を最終的に収めます。

朝鮮政策の失敗の原因を日本人の側からみれば、日本人の文明主義の過剰にあったと福澤は吐露しました。自国日本の文明開化の成功は朝鮮にも有効な経験であると考え、文明主義をもって朝鮮を教導しようとしてきたのだが、これも旧套の思想に妨げられ、逆に教導者である日本人が朝鮮人の怨嗟の対象となってしまった。日本の教導によって朝鮮伝来の習慣を変えることなどできない、今後はそんな考えをもつことはやめようと、自省の念を深めます。

そうはいっておりませんが、「脱亜論」を執筆した時点で真に脱亜を図っておくべきであった、文明主義をもってすれば朝鮮の独立、事大主義の克服も可能だとしたみずからの考え方の足らざるを憂いて、福澤の朝鮮論は終わるのです。福澤最後の脱亜論は論説「対韓の方針」であった、といわねばなりません。

福澤の朝鮮論の帰結は、確かに挫折であり絶望でした。日清戦争の勝利にもかかわらずいかんともしがたく堅固な朝鮮の旧套に改めてあきれさせられ、結局、この朝鮮を動かすことはどうしてもできなかったという事実に、福澤は深い自省の嘆息を吐いたのです。

しかし、日清戦争後、露わとなったロシアの南下政策についての福澤の、いかにも福澤らしい深い洞察を示した論説が存在することを私どもは忘れるわけにはいきません。支那と朝鮮への対応ではなく、今度はあの世界最大の陸軍大国ロシアと対峙せざるをえない状況が、福澤の心中にはいよいよ大きなものとなっていったのです。

当時の「臥薪嘗胆」という四字成語は、一面では苦難に満ちた、他面では勇ましいスローガンでした。しかし、福澤が臥薪嘗胆を叫ぶことはありませんでした。周辺の安全保障環境に対するひたすら冷徹な判断をもって、ロシアとはいずれ戦わざるをえない。しかし、日本一国のみでこれに抗することは不可能である。然るべき同盟国が必要だと考え、日英同盟の必要性を堂々と論じたのです。

イギリスが「光栄ある孤立」を選択してきたのは、強国ロシアと対抗することに共通の利害をもつ列強を大陸に見出すことができなかったからだ。イギリスはアジアに広大に擁する利権を確保する目的のために、必ずや日本との同盟を希望してくるはずであり、おそらく日英同盟によって享受する利益は、日本よりもイギリスにおいてより大きいはずだ、という正論を福澤は吐きます。

下関での日清講和条約調印が明治二八（一八九五）年四月一七日、三国干渉の開始が同月二三日、遼東半島還付が同年五月一〇日、福澤の日英同盟論が『時事新報』の社説「日本と英国との同盟」として掲載されたのが同年六月二一日のことでした。その迅速な判断力には実に眼を見張らせるものがあります。イギリスが「光栄ある孤立」を選んできたのは、要するにロシアとの対決を共通の利益とみなす列強が他にいなかったからであり、「若《も》しも等しく利害を感じて、実力以《もっ》て相《あい》与《とも》に共同の敵に当らんと云ふ者あらば、機敏なる倫敦《ろんどん》の政府は之を歓迎して、其《その》力を借ることに躊躇せざるや疑を容《い》れず」。日露戦争における日本の勝利に貢献したものが日英同盟であったことは、現在では常識に属します。しかし、往事にあってこのことを公言したのは福澤ただ一人だったのです。福澤のレアル・ポリティークここにきわまれりです。

ここまでお付き合いくださった読者には心からの感謝の意を表したいと思います。ありがとうございました。

福澤諭吉略年譜（1835–1901）

年	歳	事跡
一八三四［三五］ 天保5年	0	12月12日（1835年1月10日）、中津藩下級武士の子として大坂に生まれる。一歳半で父が病死。母、兄、姉と中津に帰り、以後少年・青年時代を過ごす。白石照山らに漢学を学ぶ。
一八五三 嘉永6年	18	◆ペリー来航。
一八五四 嘉永7年	19	蘭学を志し、長崎に出る。
一八五五 安政2年	20	大坂で緒方洪庵の適塾に入塾。
一八五六 安政3年	21	兄の病死により福澤家の家督を継ぐ。
一八五七 安政4年	22	適塾の塾長となる。
一八五八 安政5年	23	江戸出府。築地鉄砲洲の中津藩中屋敷内に蘭学塾を開く（慶應義塾の起源）。 ◆日米修好通商条約調印。
一八五九 安政6年	24	横浜での見聞を契機に英学への転換を決意。 ◆神奈川・長崎・箱館開港。
一八六〇 安政7年 (万延元年)	25	遣米使節に随行し、咸臨丸でアメリカに行く。帰国後、幕府外国方に雇われる。

一八六一 文久元年	26	芝新銭座へ転居。中津藩士土岐太郎八の二女錦と結婚。
一八六二 文久2年	27	遣欧使節に翻訳方として随行し、欧州各国を巡る。
一八六三 文久3年	28	鉄砲洲へ戻る。長男誕生、以後、三男五女を儲ける。
一八六四 元治元年	29	中津に帰郷、小幡篤次郎らを伴い江戸に戻る。外国奉行支配調役翻訳御用を命ぜられる。
一八六六 慶応2年	31	『西洋事情』刊行。
一八六七 慶応3年	32	幕府の軍艦受取委員の一行に加わり、再度の渡米。 ◆大政奉還。
一八六八 慶応4年 （明治元年）	33	ふたたび塾を芝新銭座に移転、塾を慶應義塾と命名。戊辰戦争が起こるが、上野での彰義隊の戦いの最中でもウェーランド経済書の講義をつづける。新政府からの出仕命令を辞退、「読書渡世の一小民」として生きる決意をする。
一八六九 明治2年	34	福澤屋諭吉の名で書物問屋組合に加入。『世界国尽』刊行。 ◆版籍奉還。
一九七一 明治4年	36	三田へ移転。 ◆廃藩置県。
一八七二 明治5年	37	慶應義塾出版局設立（7年に慶應義塾出版社と改称）。『学問のすゝめ』『童蒙教草』刊行。 ◆学制頒布。
一八七三 明治6年	38	明六社に参加。 ◆徴兵令公布。

一八七四 明治7年	39	三田演説会創設。◆民撰議院設立建白。
一八七五 明治8年	40	三田演説館開館。『**文明論之概略**』刊行。
一八七七 明治10年	42	『**明治十年丁丑公論**』**脱稿**（公表は34年）。『分権論』『民間経済録』刊行。◆西南戦争。
一八七八 明治11年	43	政府などからの慶應義塾維持資金借用を模索するも成就せず、経営困難に陥る。『通俗民権論』『**通俗国権論**』刊行。
一八七九 明治12年	44	横浜正金銀行設立に尽力。『国会論』『民情一新』刊行。
一八八〇 明治13年	45	交詢社発会式。『交詢雑誌』創刊。慶應義塾維持法案が起草される。
一八八一 明治14年	46	交詢社「私擬憲法案」発表。明治14年政変により、多くの門下生が官界を追われる。『**時事小言**』刊行。
一八八二 明治15年	47	『**時事新報**』**創刊**、以後紙上に時事論を掲載。『帝室論』刊行。
一八八四 明治17年	49	朝鮮で甲申事変起こり、日本に亡命してきた開化派の金玉均、朴泳孝らを庇護する。『**通俗外交論**』刊行。
一八八五 明治18年	50	『日本婦人論 後編』刊行。
一八八七 明治20年	52	◆保安条例公布。
一八八九 明治22年	54	◆大日本帝国憲法発布。

一八九〇 明治23年	55	慶應義塾大学部（文学科・理財科・法律学科）開設。◆教育勅語発布。国会開設。
一八九一 明治24年	56	**『瘠我慢之説』脱稿**（公表は34年）。
一八九二 明治25年	57	北里柴三郎の伝染病研究所設立を支援。
一八九三 明治26年	58	『実業論』刊行。
一八九四 明治27年	59	日清戦争軍資醵集運動を展開。◆日清戦争。
一八九五 明治28年	60	日清戦争のため一年延期されていた還暦祝賀会を開催。◆日清講和条約。独仏露の三国干渉。
一八九六 明治29年	61	慶應義塾懐旧会の席上、義塾の教育の本旨（「気品の泉源、智徳の模範」）を述べる。廃止が検討されていた大学部の存続を決定。
一八九七 明治30年	62	『福翁百話』『福澤全集緒言』刊行。
一八九八 明治31年	63	慶應義塾の学制改革、一貫教育制度始まる。『福翁自伝』『時事新報』連載開始。9月に脳溢血を発症し、一時危篤となるも徐々に快癒。『福澤全集』全五巻刊行。
一八九九 明治32年	64	『福翁自伝』『女大学評論・新女大学』刊行。
一九〇〇 明治33年	65	『修身要領』発表。慶應義塾世紀送迎会に臨む。
一九〇一 明治34年	66	1月25日、脳溢血症再発。2月3日、長逝。**没後**、『福翁百余話』**『明治十年丁丑公論・瘠我慢之説』刊行**。

福澤諭吉事典編集委員会編『福澤諭吉事典』（慶應義塾大学出版会、二〇一〇年）より転載、加筆。

著者紹介

渡辺利夫（わたなべ・としお）

拓殖大学元総長、元学長。

昭和14（1939）年、山梨県甲府市生まれ。慶應義塾大学経済学部卒業。同大学院経済学研究科修了。経済学博士。筑波大学教授、東京工業大学教授を経て拓殖大学に奉職。専門は開発経済学・現代アジア経済論。（公財）オイスカ会長。日本李登輝友の会会長。平成23（2011）年、第27回正論大賞受賞。

著書に『成長のアジア 停滞のアジア』（講談社学術文庫、吉野作造賞）、『開発経済学』（日本評論社、大平正芳記念賞）、『西太平洋の時代』（文藝春秋、アジア・太平洋賞大賞）、『神経症の時代――わが内なる森田正馬』（文春学藝ライブラリー、開高健賞正賞）、『アジアを救った近代日本史講義――戦前のグローバリズムと拓殖大学』（PHP新書）、『放哉と山頭火』（ちくま文庫）、『新 脱亜論』（文春新書）、『死生観の時代』（海竜社）、『台湾を築いた明治の日本人』（産経新聞出版／産経NF文庫）など。

大《おお》いなるナショナリスト 福澤諭吉《ふくざわゆきち》

2025年1月30日　初版第1刷発行©

著　者　渡　辺　利　夫
発行者　藤　原　良　雄
発行所　株式会社　藤　原　書　店

〒162-0041　東京都新宿区早稲田鶴巻町523
電　話　03（5272）0301
ＦＡＸ　03（5272）0450
振　替　00160 - 4 - 17013
info@fujiwara-shoten.co.jp

印刷・製本　精文堂印刷

落丁本・乱丁本はお取替えいたします
定価はカバーに表示してあります

Printed in Japan
ISBN978-4-86578-449-7

「後藤新平の全仕事」を網羅！

『〈決定版〉正伝　後藤新平』別巻

後藤新平大全

御厨貴編

巻頭言　鶴見俊輔
序　御厨貴
1 後藤新平の全仕事（小史／全仕事）
2 後藤新平年譜 1850–2007
3 後藤新平の全著作・関連文献一覧
4 主要関連人物紹介
5 『正伝 後藤新平』全人名索引
6 地図
7 資料

A5上製　二八八頁　四八〇〇円（二〇〇七年六月刊）
◇978-4-89434-575-1

今、なぜ後藤新平か？

時代の先覚者・後藤新平

〔1857–1929〕

御厨貴編

その業績と人脈の全体像を、四十人の気鋭の執筆者が解き明かす。

鶴見俊輔＋青山佾＋粕谷一希＋御厨貴／鶴見和子／苅部直／中見立夫／原田勝正／新村拓／笠原英彦／小林道彦／角本良平／佐藤卓己／鎌田慧／佐野眞一／川田稔／五百旗頭薫／中島純ほか

A5並製　三〇四頁　三二〇〇円（二〇〇四年一〇月刊）
◇978-4-89434-407-5

後藤新平の〝仕事〟の全て

後藤新平の「仕事」

藤原書店編集部編

郵便ポストはなぜ赤い？　新幹線の生みの親は誰？　環七、環八の道路は誰が引いた？　日本人女性の寿命を延ばしたのは誰？——公衆衛生、鉄道、郵便、放送、都市計画などの内政から、国境を越える発想に基づく外交政策まで「自治」と「公共」に裏付けられたその業績を明快に示す！

写真多数　［附］小伝　後藤新平

A5並製　二〇八頁　一八〇〇円（二〇〇七年五月刊）
◇978-4-89434-572-0

なぜ「平成の後藤新平」が求められているのか？

震災復興　後藤新平の120日

〔都市は市民がつくるもの〕

後藤新平研究会＝編著

大地震翌日、内務大臣を引き受けた後藤は、その二日後「帝都復興の議」を立案する。わずか一二〇日で、現在の首都・東京や横浜の原型をどうして作り上げることが出きたか？　豊富な史料により「復興」への道筋を丹念に跡づけた決定版ドキュメント。

図版・資料多数収録

A5並製　二五六頁　一九〇〇円（二〇一一年七月刊）
◇978-4-89434-811-0

公共と公益の精神

後藤新平と五人の実業家

渋沢栄一・益田孝・安田善次郎・大倉喜八郎・浅野総一郎
後藤新平研究会編著
序＝由井常彦

〝内憂外患〟の時代、「公共・公益」の精神で、共働して社会を作り上げた六人の男の人生の物語！　二十世紀初頭から一九二〇年代にかけて、日本は、世界にどう向き合い、どう闘ってきたか。

A5並製　二四〇頁　二五〇〇円
（二〇一九年七月刊）
◇978-4-86578-236-3

「第二次世界大戦」を予言！

国《こく》難《なん》来《きたる》

後藤新平
鈴木一策編＝解説

時代の先覚者・後藤新平は、関東大震災から半年後、東北帝国大学学生を前に、「第二次世界大戦を直観」した講演『国難来』を行なった！　「国難を国難として気づかず、漫然と太平楽を歌っている国民的神経衰弱こそ、もっとも恐るべき国難である」――今われわれは後藤新平から何を学べばよいのか？

附・世界比較史年表（1914-1926）
B6変上製　一九二頁　一八〇〇円
（二〇一九年八月刊）
◇978-4-86578-239-4

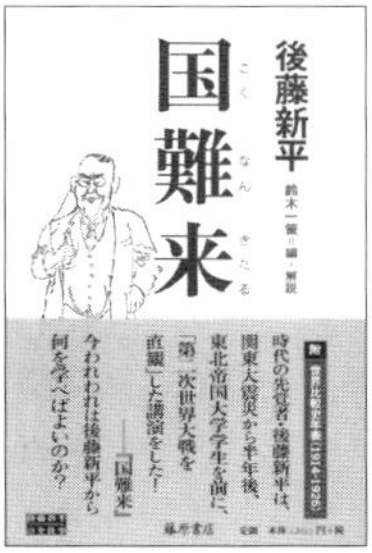

第一次大戦前夜の世界を「鎧を着けた平和」と喝破

後藤新平の『劇曲 平和』

後藤新平 案・平木白星 稿
後藤新平研究会編
解説＝加藤陽子　特別寄稿＝出久根達郎

後藤新平が逓信大臣の時の部下で、『明星』同人の詩人でもあった平木白星に語り下した本作で、第一次大戦前夜の世界情勢は〝鎧を着けた平和〟と喝破する驚くべき台詞を吐かせる。欧米列強の角逐が高まる同時代世界を見据えた後藤が、真に訴えたかったこととは何か？

B6変上製　二〇〇頁　二七〇〇円　カラー口絵四頁
（二〇二〇年八月刊）
◇978-4-86578-281-3

後藤新平の遺言

政治の倫理化

後藤新平
後藤新平研究会編
解説＝新保祐司

日本初の普通選挙を目前に控え、脳溢血に倒れた後藤新平。その二カ月後、生命を賭して始めた「政治の倫理化」運動。一九二六年四月二十日、第一声として、「決意の根本と思想の核心」を、未来を担う若者たちに向けて自ら語った名講演が、今甦る！　一九二七年四月十六日の講演記録『政治倫理化運動の一周年』も収録。

B6変上製　二八〇頁　二二〇〇円　口絵四頁
（二〇二一年三月刊）
◇978-4-86578-308-7